Knusprig, kernig, urgesund

Vollkornbrot

FALKEN VERLAG

VORWORT

Von unseren Großmüttern können wir uns in puncto Backen eine Scheibe abschneiden: Ihre Brote waren noch aus echtem Schrot und Korn – so richtig urgesund. Heute kommt es nicht nur wieder in Mode, den heimischen Ofen anzufeuern, eigenhändig den Teig zu kneten und ihn mit Liebe zu formen und zu backen. Heute wollen auch immer mehr Menschen ihren falschen Ernährungsgewohnheiten auf den Leib rücken. Die besten Zutaten sind dafür gut genug: Vollkornmehl und -schrot, frisch gemahlen, natürliche Süßmacher wie Honig oder Trockenfrüchte und Knakkiges, zum Beispiel Samen oder Nüsse. Frisch gekauft oder direkt aus der eigenen Mühle – wer mit vollwertigem Getreide backt, schöpft auch die volle Kraft der Körner. Denn verglichen mit „leerem" Weißmehl enthalten sie noch eine Menge unter Verschluß, was wir häufig durch falsches Essen nicht mehr serviert bekommen: lebenswichtige Vitamine, Mineralstoffe, Ballaststoffe und Fettsäuren.

Im Rezeptteil finden Sie eine verführerische Vielfalt von pikanten und süßen Broten und Brötchen, die einfach so gut schmecken, daß jede Schnitte weggeht wie warme Semmeln.

INHALT

In jedem Körnchen Geschmack und Gesundheit _____ 5

    Kern der Sache – Mehl und Schrot _____ 6

    Mühlen, die gut mahlen _____ 7

    Die treibenden Kräfte _____ 8

    Tips zum Brotbacken _____ 8

    Kräuter, Kerne & Co. _____ 10

Lauter kernige Hefebrote für Eigenbrötler _____ 13

Sauerteigbrote: in der Hauptrolle der Roggen _____ 25

Gesunde Brote mit süßer Note _____ 37

Brötchen, Brezeln und Brioches – klein, aber oho! _____ 49

Rezeptverzeichnis _____ 64

IN JEDEM KÖRNCHEN GESCHMACK UND GESUNDHEIT

Haben Sie Ihr tägliches Brot schon mal aufs Korn genommen? Backen mit vollwertigem Getreide ist die althergebrachte, neuentdeckte Art, fit und widerstandsfähig zu bleiben. Ob mit Weizen, Roggen, Hirse oder Hafer – das alles sind ideale Kraftmacher. Perfekt wird Brot aber erst mit den gesunden Geschmacksbringern wie Honig, Rosinen, Kümmel oder Sesam. Eine kernige Kostprobe lohnt sich.

KERN DER SACHE — MEHL UND SCHROT

Je weißer das Mehl, desto besser das Brot. Wer gesund leben will, hat diese Devise längst vom Tisch gefegt. Sobald nämlich das volle Getreidekorn zu einem Auszugsmehl verarbeitet wird, bleiben rund 80 Prozent seiner wertvollsten Inhaltsstoffe auf der Strecke. Aber gerade diese Bestandteile sind es, die uns kerngesund und fit halten. Grund genug, sie uns wieder zunutze zu machen und auf die Vollkorn-Brotbäckerei umzusatteln.

Die Natur hat das ganze, keimfähige Korn mit lebenswichtigen Nährstoffen geradezu vollgestopft. Im Keim und in den äußeren Randschichten befinden sie sich in geballter Form: Eiweiß für die Zellbildung. Vitamine, vor allem die der B-Gruppe sowie D und E, für mehr Widerstandsfähigkeit, starke Nerven und Muskeln. Und Mineralstoffe wie Kalium, Phosphor, Magnesium oder Eisen, die wir für Knochen und Zähne brauchen und um rote Blutkörperchen zu bilden.

Getreide enthält aber auch hochwertiges Keimöl. Dieses Fett besteht hauptsächlich aus mehrfach ungesättigten Fettsäuren (Linol- und Linolensäure). Unser Körper kann sie nicht selber bilden und ist aus diesem Grund auf ihre Zufuhr angewiesen.

Und noch einen Pluspunkt des Vollkorns: Die großen Mengen an Ballaststoffen, jene unverdaulichen Bestandteile, die im Magen quellen, deshalb lange sattmachen und den Darm zur Arbeit anregen.

Beim Getreide kommt es aber nicht nur auf die Vollwertigkeit an. Um sicher zu gehen, daß es weder mit künstlichem Dünger noch chemischen Pflanzenschutzmitteln in Berührung gekommen ist, sollte es unbedingt aus biologischem Anbau stammen.

Aus dem ganzen Korn lassen sich unterschiedliche Mahlprodukte herstellen. Schrot, je nach Getreideart und Zerkleinerungsgrad, auch Grieß oder Grütze genannt, ist grob zerkleinertes Getreide. Es gibt auch Abstufungen wie sehr grob, mittelfein oder fein. Flocken sind ganze Körner, die erst mit Dampf behandelt und dann in Walzen gepreßt werden. Kleie besteht aus den ballaststoffreichen Randschichten des Getreides.

Mehl und Schrot werden in „Typen" eingeteilt. Diese Typen geben an, wieviel Milligramm an Mineralstoffen in 100 Gramm Mehl oder Schrot enthalten sind. In 100 Gramm Weizenvollkornmehl mit der Type 1700 stecken demnach 1700 Milligramm Mineralstoffe. 100 g Weizenauszugsmehl (das übliche weiße Haushaltsmehl) enthält dagegen nur noch 405 Milligramm. Je niedriger die Type, desto wertloser also auch das Mehl.

Wenn man das volle Korn zerkleinert, legt man dann die wertvollen Inhaltsstoffe sozusagen „frei", und sie können durch Licht und Luft zerstört werden. Deshalb muß man Vollkornmehl und -schrot immer dunkel, luftdicht und nicht länger als sechs Wochen lagern. Das ganze Korn hält sich über ein Jahr.

Noch ein Backtip: Mehl und Schrot können durch Jahreszeit oder Lagerung mehr oder weniger feucht sein. Je feuchter ein Mehl, um so weniger Wasser kann es aufnehmen. Deshalb sind in den Rezepten die Flüssigkeiten in Zirkamengen angegeben. Gießen Sie deshalb die angegebene Menge auch nicht auf einmal zum Mehl, sondern schütten Sie sie nach und nach zu. Der Teig ist optimal, wenn er sich vom Schüsselrand löst, weder an den Händen klebt noch auseinanderbröckelt. Bei einem zu weichen Teig gibt man einfach Mehl, bei einem zu festen mehr Flüssigkeit zu.

MÜHLEN, DIE GUT MAHLEN

Sind Sie schon auf den Dreh der Vollkornbäckerei gekommen? Dann lohnt es sich auch garantiert, eine Getreidemühle anzuschaffen. Denn frischer und damit gesünder als aus der eigenen Mühle geht es wirklich nicht. Mehl und Schrot enthalten dann noch sämtliche Nährstoffe des ganzen Kornes. Die Mengen können für jedes Rezept genau vorher abgewogen und dann zerkleinert werden. Mahlen Sie Getreide bitte niemals auf Vorrat. Licht und Luft nagen an den wertvollen Inhaltsstoffen und zerstören sie mit der Zeit. Mehl und Schrot aus der eigenen Mühle sollten Sie also sofort weiterverarbeiten.

Wenn Sie eine Mühle kaufen wollen, sollten Sie sich gut informieren. Das Angebot an Geräten ist inzwischen relativ groß. Getreidemühlen gibt es in unterschiedlichen Ausfertigungen: Als Handmühlen, die viel Kraft kosten und sich deshalb nur für kleine Mengen, beispielsweise fürs Müsli, lohnen. Und als Elektromühlen, die man entweder als Einzelgerät oder Zusatzteil für die Küchenmaschine bekommen kann. Die elektrischen Geräte gibt es mit unterschiedlichen Mahlwerken. Bei Kegelmahlwerken, die entweder aus Stein, Stahl oder Keramik bestehen, wird das Korn zerschnitten. Scheibenmahlwerke da-

gegen zerreiben das Getreide. Sie sind aus Stein oder Stahl gefertigt. Steinmahlwerke eignen sich nicht für ölhaltige Samen wie Leinsamen oder Sesam, weil sie die Steine mit der Zeit verkleben. Bei jeder guten Getreidemühle kann man den Feinheitsgrad einstellen und Getreide je nach Wunsch grob zu Schrot oder fein zu Mehl mahlen. Wenn Sie zu den Körnern ganze Gewürze geben und alles gleich in einem Gang zerkleinern, bekommen Sie ein besonders kräftig und wohlschmeckendes, gut riechendes Brot. Frisch gemahlene Gewürze haben nämlich ein viel intensiveres Aroma.

DIE TREIBENDEN KRÄFTE

Wie gut Ihr Brot gelingt, hängt nicht nur von den Zutaten, sondern auch von der richtigen Lockerung des Teiges ab. Und dies erreicht man nur durch ein Triebmittel. Es gibt zwei natürliche Methoden: die eine mit Hefe, die andere mit Sauerteig. Hefe ist das typische Lockerungsmittel für Teige auf Weizenbasis. Sie enthält Hefebakterien, die die Stärke im Mehl zu Zucker abbauen. Der Zucker spaltet sich anschließend in Kohlendioxid und Äthylalkohol, die dann beim Backen in Gas übergehen und den Teig locker und luftig aufgehen lassen. Frische Hefe gibt es in Würfeln zu je 40 g. Damit sie ihre Wirkung nicht verliert, sollte sie im Kühlschrank nicht länger als acht Tage gelagert werden. In der Tiefkühltruhe kann man sie bedenkenlos mehrere Wochen aufbewahren. Für die Vorratshaltung ist Trockenhefe praktischer. Sie wird in einem industriellen Prozeß aus der frischen Hefe hergestellt und hält sich mindestens 8 bis 10 Monate. Im Rahmen einer vollwertigen Ernährung sollten Sie jedoch die lebende frische Hefe der industriell verarbeiteten Trockenhefe vorziehen. Sauerteig lockert in erster Linie Roggenmehlteige. Mit Hefe allein würde ein Roggenbrot feucht, klitschig und fade schmecken. Allerdings nimmt man sie meistens noch zur Unterstützung dazu. Durch Sauerteig bekommen die Brote ein volles, kräftiges Aroma. Sie sind sehr bekömmlich und lange haltbar. Sauerteig auf Naturbasis gibt es in 150-Gramm-Beuteln im Reformhaus und in Bio- oder Naturkostläden zu kaufen. Er besteht aus Roggenvollkornschrot, Wasser und Sauerteigkulturen. Kühl gelagert ist er über ein Jahr haltbar. Sie können ihn aber auch selber herstellen: Wenn man Vollkornmehl mit Wasser mischt, fängt der Teig durch natürliche Bakterien, die sich auf der Getreideschale, im Wasser und in der Luft befinden, an zu gären. Weinstein-Backpulver ist ein Lockerungsmittel, das vorwiegend für Teige mit Eiern und Fett genommen wird. Es wird aus Natron und dem in Weinfässern aus Holz vorkommenden natürlichen Weinstein hergestellt. Dies Backpulver ist im Reformhaus, Bio- oder Naturkostladen erhältlich.

TIPS ZUM BROTBACKEN

– Mahlen Sie das Getreide immer erst kurz vor dem Backen. Wenn Sie keine Getreidemühle besitzen, können Sie Ihr Korn im Reformhaus, Bio- oder Naturkostladen am Backtag frisch mahlen lassen.
– Alle Backzutaten und auch die Backschüssel sollten Zimmertemperatur haben. Die Flüssigkeiten sollten etwa 24° C warm sein.

– Der Teig sollte an einem warmen Ort gehen. Die ideale Temperatur beträgt ungefähr 35° C.
– Den Teig beim Gehen zudecken, damit die Oberfläche nicht austrocknet.
– Stets alle Zutaten gründlich durchkneten. Dabei den Teig mit der Hand immer vom Rand in die Mitte holen. Dauer: mindestens 10 Minuten kräftig kneten.

– Der Teig geht besser auf, wenn man für die ersten 20 Minuten Backzeit eine flache Schüssel mit heißem Wasser in den Ofen stellt.
– Das fertig gebackene Brot muß sich leicht anfühlen und beim Klopfen auf die Unterseite hohl klingen.
– Die fertigen Brötchen und Brote auf einem Kuchengitter auskühlen lassen.

HEFETEIGBROT

Für 1 Brot
Zubereitungszeit: 30–40 Min.
(ohne Gehzeit)
ca. 230 kcal/960 kJ

500 g Weizenvollkornmehl
40 g Hefe
½ TL Honig
etwa 300 ml lauwarmes Wasser
2 TL Vollmeersalz
4 EL Sonnenblumenöl

1. Das Weizenvollkornmehl in eine Schüssel geben und in die Mitte eine Vertiefung drücken. Die Hefe und den Honig mit etwas Wasser verrühren, in die Mulde geben und 20 Minuten an einem warmen Ort gehen lassen.

2. Das restliche Wasser, das Salz und das Sonnenblumenöl zufügen und alles gut verkneten. An einem warmen Ort 30 Minuten gehen lassen.

3. Den Teig kurz durchkneten und ein ovales Brot formen. Auf ein gefettetes Blech legen und 30 Minuten gehen lassen.

4. Die Oberfläche mit Wasser bestreichen, mehrmals einschneiden und im vorgeheizten Ofen bei 225°C etwa 40 Minuten backen.

SAUERTEIGANSATZ

Für 1 Roggenbrot
Zubereitungszeit: 25–30 Min.
(ohne Gehzeit)

100 g Roggenvollkornschrot (fein)
½ TL gemahlener Kümmel
etwa 100 ml lauwarme Butter- oder Sauermilch

1. Alle Zutaten zu einem dickflüssigen Brei verrühren. Den Ansatz abdecken und an einem warmen Ort (ca. 20°C konstante Raumtemperatur) stehen lassen.

2. Den Teig täglich kurz durcharbeiten. Falls er zu fest ist, etwas lauwarme Buttermilch zugeben.

3. Nach 3 bis 4 Tagen hat der Teig kleine Blasen gebildet und die Oberfläche Risse bekommen. Der fertige Sauerteig muß angenehm säuerlich riechen.
Zum Aufbewahren gibt man ihn in einem Schraubdeckelglas oder einem Plastikbeutel in den Kühlschrank. Dort hält er sich etwa eine Woche. Man kann ihn übrigens auch für einige Monate einfrieren.

SAUERTEIGBROT

Für 1 Brot
Zubereitungszeit: 35–45 Min.
(ohne Gehzeit)
ca. 205 kcal/860 kJ

375 g Roggenvollkornschrot (fein)
375 g Roggenvollkornschrot (grob)
40 g Hefe
1 TL Honig
etwa 500 ml lauwarmes Wasser
100 g Sauerteigansatz
2 TL Vollmeersalz
2 TL gemahlener Kümmel

1. Roggenvollkornschrot mischen und in die Mitte eine Mulde drücken. Hefe mit Honig und etwas Wasser verrühren, in die Mulde geben. 30 Minuten gehen lassen.

2. Das restliche Wasser, den Sauerteigansatz, das Salz und den Kümmel zufügen und alles kräftig kneten. 2 bis 3 Stunden gehen lassen.

3. Den Teig gut durcharbeiten, einen Laib formen und auf ein gefettetes Blech legen. Mit Wasser bestreichen und mit Mehl bestäuben. 30 Minuten ruhen lassen. Das Brot bei 220°C etwa 20 Minuten, dann bei 200°C 45 Minuten backen.

KRÄUTER, KERNE & CO.

Nüsse, zum Beispiel Mandeln, Hasel- oder Walnüsse, geben Brot einen besonders knackigen Geschmack. Sie sind jedoch sehr fettreich und deshalb schwer verdaulich. Das Fett macht Nüsse auch schnell ranzig. Darum immer frisch verwenden.

Samen wie Sesam und Leinsamen sind eine schmackhafte Zutat für Brot und Brötchen. Sie enthalten wertvolles Öl. Die Samen werden entweder geschrotet oder ganz zum Teig gegeben oder zum Bestreuen der Oberfläche genommen. In ungeschälter Ware stecken mehr Aroma und mehr Ballaststoffe.

Kerne, zum Beispiel Sonnenblumen-, Pinien- oder Kürbiskerne, sorgen für noch mehr Abwechslung in der Brotfamilie. Sie erhöhen aber auch den gesundheitlichen Wert: Kerne sind reich an wichtigen Fettsäuren, Eiweiß, Vitaminen und Mineralstoffen. Wichtig: kühl und trocken lagern, da sie sonst leicht verderben.

Frische Kräuter reichern Brote nicht nur optisch an. Ihre Aroma- und Bitterstoffe wirken auf Kreislauf, Nerven und Magen anregend und wohltuend. Damit diese kostbaren Inhaltsstoffe erhalten bleiben und nicht durch Sauerstoff zerstört werden, immer gleich nach dem Hacken zum Teig geben.

Getrocknete Kräuter sind teilweise sogar noch aromatischer als frische. Sie sollten dunkel, trocken und luftdicht verschlossen gelagert werden. Sonst ist ihr Aroma schnell zerstört. Tip: Der Geschmack verstärkt sich, wenn Sie die Kräuter vorher in der Hand oder im Mörser zerreiben.

Kümmel, Koriander und Fenchel zählen zu den typischen Brotgewürzen. Gerade Roggenbrote verlangen nach kräftigen Aromen. Gewürze wirken durch ihre ätherischen Öle appetitanregend, verdauungsfördernd und wohltuend im Magen. Man gibt sie dem Teig ganz, zerstoßen oder als Pulver zu.

Nelken, Zimt und Kardamom sind die idealen Geschmacksträger für süße Vollkornbrote. Gerade in Verbindung mit Vollkornmehl und Trockenfrüchten kommen sie besonders gut zur Geltung. Bewahren Sie diese Gewürze nicht länger als ein halbes Jahr auf. Das Aroma nimmt mit der Zeit stark ab.

Vanille ist ein beliebtes Gewürz für Brote, Plätzchen und Kuchen der süßen Geschmacksrichtung. Man unterscheidet Bourbonvanille und Tahitivanille. Da beide Vanillearten in Plantagen künstlich bestäubt werden müssen, sind sie verhältnismäßig teuer. Bei uns ist neben den ganzen Schoten auch gemahlene Vanille im Handel.

Trockenfrüchte wie Rosinen, Pflaumen, Aprikosen, Äpfel und Feigen enthalten nicht nur Vitamine und Mineralstoffe, sondern auch eine Menge Fruchtzucker. Deshalb nimmt man sie auch gern als gesunde Süßmacher in der Vollkornbäckerei. Wichtig: immer ungeschwefelte Früchte wählen.

Ahornsirup ist ein dünnflüssiger Sirup, der aus dem Saft des Zuckerahornbaumes gewonnen wird. In Kanada gilt er als besondere Spezialität. Durch seinen süßen, leicht karamelartigen Geschmack bietet er sich als natürliches Süßungsmittel in der Vollkornbackstube an.

Honig ist ebenfalls ein natürliches Süßungsmittel und gibt süßen Broten außerdem noch einen besonders saftigen Geschmack. Er liefert außer Vitaminen und Mineralstoffen Enzyme und andere wertvolle Inhaltsstoffe, die sich positiv auf unseren Körper und unsere Gesundheit auswirken.

Zuckerrohrgranulat aus getrocknetem Pflanzensaft ist im Handel unter verschiedenen Namen erhältlich. Reformhäuser bieten es als Ur Süße, Bio- und Naturkostläden als Sucanat an. Verwenden Sie dies Süßungsmittel ebenso wie Honig und Ahornsirup stets sparsam.

LAUTER KERNIGE HEFEBROTE FÜR EIGEN-BRÖTLER

Knusprig die Hülle, locker und luftig das Innere, mild und saftig der Geschmack: So lautet der Steckbrief vom Vollkornbrot mit Hefe. Seine weiteren Stärken: Es liefert nicht nur eine geballte Ladung Energie, sondern schmeckt auch so köstlich, daß man es am liebsten „oben ohne" essen möchte, nur mit etwas Butter.

GEWÜRZBROT

Für 2 Brote
Zubereitungszeit: 40–45 Min.
(ohne Gehzeit)
ca. 240 kcal/1000 kJ

2 TL Fenchelsamen
600 g Weizenvollkornmehl
400 g Roggenvollkornmehl
80 g Hefe
4 TL Vollmeersalz
1 EL gemahlener Koriander
½ EL gemahlener Anis
2 EL Kümmel, ganz
etwa 650 ml lauwarmes Wasser

zum Bestreuen:

2 TL Korianderkörner

1. Die Fenchelsamen in einem Mörser fein zerstoßen oder mit einem Messer fein hacken.
2. Weizen- und Roggenvollkornmehl gut mischen. Die Hälfte des Mehles zusammen mit der zerbröckelten Hefe, dem Salz, den Gewürzen und dem Wasser zu einem blasigen Teig verarbeiten. Dann 45 Minuten an einem warmen Ort gehen lassen.
3. Das restliche Mehl unterkneten. Den Teig halbieren und auf einer bemehlten Arbeitsfläche zwei runde Laibe formen. Auf ein gefettetes Blech legen und 20 Minuten gehen lassen.
4. Das Brot kreuzweise einschneiden, mit dem Koriander bestreuen. Bei 225° C 50 bis 60 Minuten backen.
(auf dem Foto: oben)

KÜMMEL-RUNDSTÜCK

Für 6 Rundstücke
Zubereitungszeit: 40–50 Min.
(ohne Gehzeit)
ca. 220 kcal/920 kJ

400 g Weizenvollkornmehl
100 g Hafervollkornmehl
40 g Hefe
etwa 350 ml lauwarme Buttermilch
1 TL Vollmeersalz
1 Msp. gemahlener Kümmel
2 TL Kümmel, ganz

zum Bestreuen:

2 TL Kümmel, ganz
2 TL Vollmeersalz, grob

1. Die beiden Mehlsorten mischen. Die Hefe in der Buttermilch auflösen und mit dem Mehl verkneten. 15 Minuten an einem warmen Ort gehen lassen.
2. Salz und Kümmel dazugeben und den Teig kräftig durchkneten. Nochmals 20 Minuten gehen lassen.
3. Den Teig in sechs gleich große Stücke teilen und diese auf einer bemehlten Arbeitsfläche zu runden Brotlaiben formen. Auf ein gefettetes Blech legen.
4. Die Oberflächen mehrmals mit einer Gabel einstechen und mit Wasser bestreichen, 15 Minuten gehen lassen. Mit Kümmel und Salz bestreuen. Im vorgeheizten Ofen bei 200° C etwa 25 Minuten backen.
(auf dem Foto: unten)

KRÄUTER-KNOB-LAUCH-KRANZ

Für 1 Brot
Zubereitungszeit: 40–50 Min.
(ohne Gehzeit)
ca. 245 kcal/1025 kJ

1 Grundrezept Hefeteigbrot (siehe Seite 9)
2 EL getrocknete Kräuter der Provence
2 Bund Petersilie
5 Knoblauchzehen

zum Bestreuen:

30 g Weizenflocken

1. Nach Anleitung des Grundrezepts einen Hefeteig herstellen.
2. Die Kräuter der Provence in der Handfläche etwas zerreiben. Die gewaschene und trockengetupfte Petersilie fein hacken. Die Knoblauchzehen schälen und durch eine Presse drücken.
3. Die vorbereiteten Gewürze vor der zweiten Ruhezeit unter den Teig kneten.
4. Aus dem Teig zwei gleich große Stränge formen. Die beiden Stränge gegeneinander verdrehen und zu einem Kranz legen. Die Enden miteinander verbinden.
5. Den Kranz auf ein gefettetes Blech legen und nochmals 30 Minuten gehen lassen. Dann vorsichtig mit Wasser bestreichen, mit Weizenflocken bestreuen und im vorgeheizten Ofen bei 200° C etwa 30 bis 40 Minuten backen.
(auf dem Foto: Mitte)

BUNTER GEMÜSEZOPF

SCHARFES TOMATENBROT

Für 1 großen Zopf
Zubereitungszeit: 60–70 Min.
(ohne Gehzeit)
ca. 215 kcal/900 kJ

300 g Weizenkörner
900 g Weizenvollkornmehl
300 g Roggenvollkornmehl
100 g Hefe
2 TL Honig
etwa 650 ml lauwarme Milch
etwa 500 ml lauwarme Buttermilch
4 TL Vollmeersalz
1 TL gemahlener Koriander
je 1 kleine rote und gelbe Paprikaschote
1 mittelgroße Stange Porree

1. Die Weizenkörner mit Wasser übergießen und über Nacht quellen lassen.
2. Weizen- und Roggenvollkornmehl mischen und in die Mitte eine Vertiefung drücken. Die Hefe mit dem Honig und 100 ml Milch verrühren und in die Mehlmulde geben. Zugedeckt an einem warmen Ort 15 Minuten gehen lassen.
3. Die restliche Milch, die Buttermilch, die Weizenkörner, das Salz und den Koriander zufügen und alle Zutaten kräftig verkneten.
4. Die Paprikaschoten und den Porree putzen, waschen und trockentupfen. Die Schoten würfeln und den Porree in feine Ringe schneiden. Das Gemüse in den Teig einarbeiten. 30 Minuten an einem warmen Ort gehen lassen.

5. Den Teig noch einmal kräftig durchkneten, zu einer dicken Rolle formen und in drei gleich große Stücke schneiden.
6. Aus jedem Teil gleich lange Stränge formen. Diese auf einem gefetteten Blech in der Mitte kreuzweise übereinanderlegen. Erst die Teigstränge der einen Seite, dann die der anderen Seite flechten, die Endstücke nach unten einschlagen. 30 Minuten an einem warmen Ort gehen lassen.
7. Den Zopf mit Wasser bestreichen und im vorgeheizten Ofen bei 200° C etwa 50 bis 60 Minuten backen.
(auf dem Foto oben)

Variation
Aus dem gleichen Teig können Sie auch Brötchen oder Fladen herstellen und nach Wunsch dekorativ mit Leinsamen, Sesam, Kümmel oder Weizenschrot bestreuen. Die Brötchen müssen je nach Größe 20 bis 30 Minuten backen und schmecken warm am besten.

Für 1 Brot
Zubereitungszeit: 40–45 Min.
(ohne Gehzeit)
ca. 250 kcal/1050 kJ

1 Grundrezept Hefeteigbrot
(siehe Seite 9)
2 EL Tomatenmark
(selbstgemacht)
100 g eingelegte grüne Pfefferkörner

außerdem:
1 Eigelb
2 EL Weizenkleie
1 TL edelsüßes Paprikapulver

1. Nach Anleitung des Grundrezepts einen Hefeteig herstellen. Vor der zweiten Ruhezeit das Tomatenmark und die gut abgetropften Pfefferkörner unter den Teig arbeiten.
2. Den Teig zu einem ovalen Laib formen und auf ein gefettetes Blech legen. 30 Minuten an einem warmen Ort gehen lassen. Die Oberfläche mit Eigelb bestreichen und mehrmals quer einschneiden.
3. Die Weizenkleie mit dem Paprikapulver mischen und auf der Oberfläche verteilen. Im vorgeheizten Ofen bei 220° C etwa 50 Minuten backen.
(auf dem Foto unten)

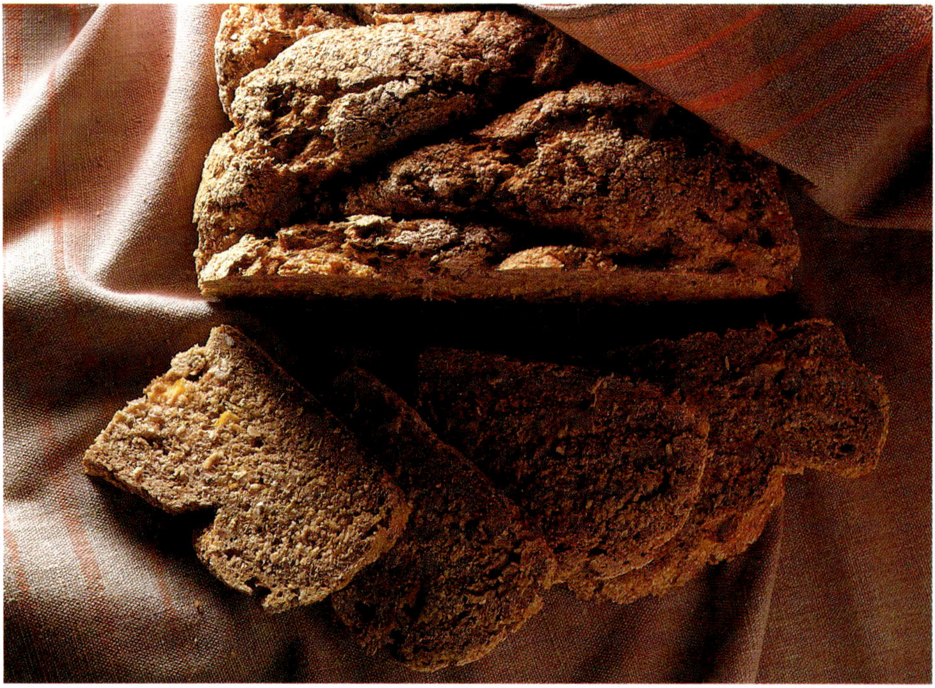

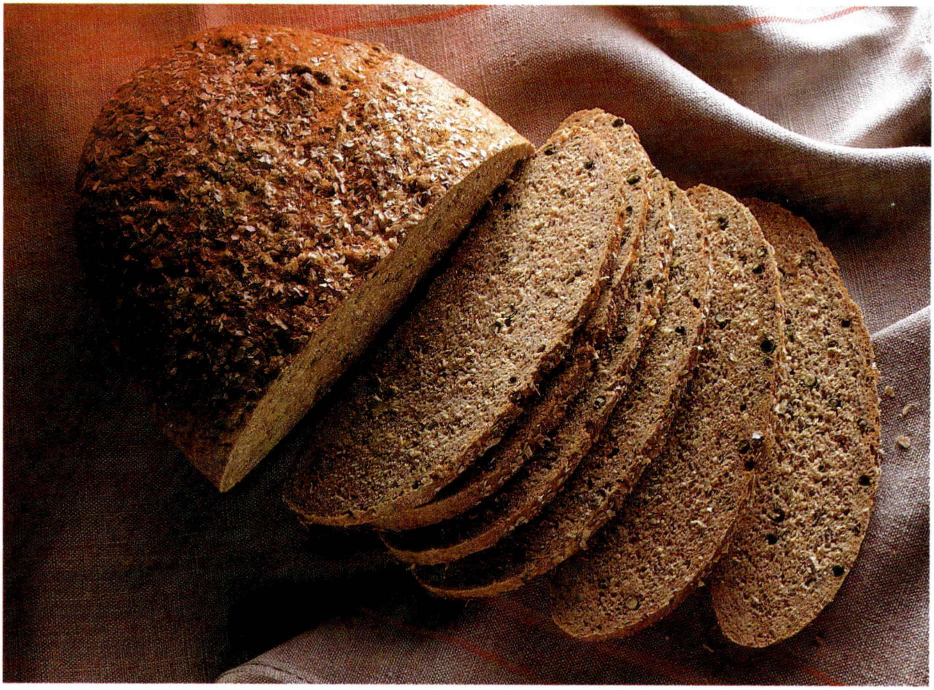

SONNENBLUMEN-BROT

Für 1 rundes Brot
Zubereitungszeit: 55–60 Min.
(ohne Gehzeit)
ca. 290 kcal/1210 kJ

170 g Sonnenblumenkerne
40 g Hefe
2 TL Vollmeersalz
etwa 300 ml lauwarmes Wasser
350 g Weizenvollkornmehl
2 TL gemahlener Kümmel
1 EL gemahlener Koriander
6 EL Sonnenblumenöl
150 g Roggenvollkornmehl

zum Bestreichen:
1 Eigelb

1. 150 g Sonnenblumen-kerne in einer Pfanne ohne Fett goldgelb rösten.
2. Die Hefe mit dem Salz im Wasser auflösen. Weizen-vollkornmehl, Kümmel und Koriander zugeben und alles gründlich miteinander ver-arbeiten.
3. 5 Eßlöffel Sonnenblu-menöl und das Roggenvoll-kornmehl zufügen und so lange kneten, bis ein ge-schmeidiger Teig entsteht. Die gerösteten Sonnenblu-menkerne unterarbeiten und den Teig 30 Minuten gehen lassen.
4. Nun den Teig nochmals gründlich durchkneten, zu einer Kugel formen und auf ein gefettetes Blech legen. Dann flach drücken, bis ein Durchmesser von etwa 28 cm entsteht. Weitere 20 Minuten gehen lassen.

5. In die Mitte des Teigfla-dens mit einer nassen Aus-stechform oder Tasse (etwa 7,5 cm Durchmesser) einen Kreis eindrücken. Den Teig-rand mit einem nassen Mes-ser achtmal jeweils 7 cm tief einschneiden (es entsteht eine Sonnenblumenform).
6. Das Eigelb mit etwas Wasser und dem restlichen Sonnenblumenöl verquirlen und die Oberfläche abwech-selnd mit Mehl bestäuben und mit der Eigelbmischung bestreichen. Den Kreis in der Mitte mit den restlichen Sonnenblumenkernen be-streuen. Das Brot im vorge-heizten Ofen bei 200°C etwa 40 Minuten backen.

Variation
Verfeinern Sie den Hefeteig mit einem Eigelb und kneten mit den Sonnenblumenker-nen 100 g geriebenen Em-mentaler oder alten Gouda unter. Formen Sie entweder wie oben beschrieben eine Sonnenblume oder teilen Sie den Teig in 30 Stücke und formen daraus etwa 15 cm lange Stangen. Mit der Ei-mischung bestreichen, mit Sonnenblumenkernen und Kümmel bestreuen und dann bei 200°C etwa 25 Mi-nuten backen.

KEFIR-CURRY-BROT

Für 1 Brot
Zubereitungszeit: 40–50 Min.
(ohne Gehzeit)
ca. 220 kcal/920 kJ

400 g Weizenvollkornmehl
100 g Weizenvollkornschrot
40 g Hefe
etwa 350 ml lauwarmer Kefir
2 TL Vollmeersalz
½ TL Curry
1 Msp. getrockneter Oregano
100 g Leinsamen
4 EL gehackte Kräuter (Kerbel,
Thymian, Basilikum)

1. Weizenvollkornmehl und -schrot mischen und in die Mitte eine Mulde drücken.
2. Die Hefe in 100 ml Kefir auflösen, in die Mulde geben und 30 Minuten an einem warmen Ort gehen lassen.
3. Den Rest Kefir, das Salz sowie die Gewürze, den Leinsamen und Kräuter zufügen. Alles zu einem glatten Teig verkneten. 90 Minuten an einem warmen Ort gehen lassen.
4. Den Teig auf einer bemehlten Arbeitsfläche kräftig durcharbeiten und zu einem runden Laib formen. Auf ein gefettetes Blech setzen und 20 Minuten ruhen lassen.
5. Die Oberfläche mit Wasser bestreichen, leicht mit Vollkornmehl bestäuben und im vorgeheizten Ofen bei 250° C etwa 10 Minuten bakken. Bei 190° C 55 bis 60 Minuten weiterbacken.
(auf dem Foto: Mitte)

JOGHURTBROT

Für 2 Brote
Zubereitungszeit: 40–50 Min.
ca. 240 kcal/1000 kJ

500 g Weizenvollkornmehl
250 g Hafervollkornmehl
50 g Hefe
etwa 100 ml lauwarmes Wasser
2 TL gemahlener Anis
2 TL Vollmeersalz
40 g Butter
550 g Naturjoghurt

zum Bestreuen:
20 g Anis

1. Weizen- und Hafervollkornmehl miteinander mischen. Die Hefe in dem Wasser auflösen und zusammen mit Anis, Salz, Butter und Joghurt zum Mehl geben. Alle Zutaten gründlich vermengen und kräftig kneten. 40 Minuten an einem warmen Ort gehen lassen.
2. Den Teig noch einmal durchkneten, zwei Laibe formen und diese auf ein gefettetes Blech setzen. Weitere 40 Minuten gehen lassen.
3. Die Oberfläche mit Wasser bestreichen und mit einem scharfen Messer in der Mitte einmal kräftig längs einschneiden. Den Anis in einem Mörser leicht zerstoßen und in den Schnitt hineinstreuen. Im vorgeheizten Ofen bei 240° C etwa 10 Minuten backen. Die Temperatur auf 180° C reduzieren und weitere 40 Minuten backen.
(auf dem Foto: unten)

BUTTERMILCH-NUSS-BROT

Für 1 Brot
Zubereitungszeit: 50–55 Min.
(ohne Gehzeit)
ca. 320 kcal/1340 kJ

250 g Weizenvollkornmehl
200 g Gerstenvollkornmehl
40 g Hefe
etwa 350 ml lauwarme
Buttermilch
1 TL Vollmeersalz
200 g gehackte Haselnüsse

zum Bestreuen:
80 g Haselnußblättchen

1. Weizen- und Gerstenvollkornmehl mischen und in die Mitte eine Mulde drücken.
2. Die Hefe in 100 ml Buttermilch auflösen und in die Mulde geben. 20 Minuten an einem warmen Ort gehen lassen.
3. Den Rest Buttermilch und das Salz zufügen und alles kräftig miteinander verkneten. Zum Schluß die Haselnüsse unterarbeiten. 45 Minuten gehen lassen.
4. Den Teig kneten und zu einem ovalen Laib formen. Eine Kastenform ausfetten, mit der Hälfte der Haselnußblättchen ausstreuen und den Teig hineinlegen.
5. Die Oberfläche mit Wasser bestreichen, die restlichen Nüsse darüberstreuen und 15 Minuten gehen lassen. Im vorgeheizten Ofen bei 200° C etwa 45 Minuten backen.
(auf dem Foto: oben)

SESAMBROT MIT HIRSE

BUNTER BUCH-WEIZENZOPF

Für 2 kleine Brote
Zubereitungszeit: 40–50 Min.
(ohne Gehzeit)
ca. 310 kcal/1300 kJ

400 g Sesam
70 g Hefe
400 g Naturjoghurt
etwa 250 ml lauwarmes Wasser
2 TL Vollmeersalz
1 Msp. gemahlenen Curcuma
1 Msp. gemahlenen Muskat
1 Ei
300 g Weizenvollkornmehl
150 g Hirseflocken
150 g Maisgrieß

zum Bestreuen:
je 30 g Sesam und Hirse

1. Den Sesam in einer Pfanne ohne Fett goldgelb rösten.
2. Die Hefe mit zwei Eßlöffel erwärmten Joghurt anrühren und 40 Minuten an einem warmen Ort gehen lassen.
3. Den Hefeansatz mit dem restlichen Joghurt, Wasser, Salz, Gewürzen, Ei, Getreide und dem gerösteten Sesam gut verkneten. Zugedeckt 30 Minuten gehen lassen.
4. Den Teig gut durcharbeiten und zu zwei ovalen Laiben formen. Sesam und Hirse mischen und auf der Arbeitsfläche verteilen. Die beiden Brotlaibe darin wälzen, in zwei kleine gefettete Kastenformen legen und 20 Minuten gehen lassen. Bei 200° C im vorgeheizten Ofen 55 bis 65 Minuten backen.
(auf dem Foto oben)

Für 1 großen Zopf
Zubereitungszeit: 60–65 Min.
(ohne Gehzeit)
ca. 215 kcal/900 kJ

500 g Weizenvollkornmehl
500 g Buchweizenmehl
60 g Hefe
etwa 100 ml lauwarme Milch
etwa 500 ml lauwarmes Wasser
1 Prise Safran
2 TL Vollmeersalz
2 EL Tomatenmark
(selbstgemacht)

zum Bestreuen:
50 g gehackte Pistazien

1. Das Weizenvollkornmehl mit dem Buchweizenmehl mischen. Die Hefe in der Milch auflösen, mit drei Eßlöffel Mehlmischung glattrühren und anschließend 20 Minuten an einem warmen Ort gehen lassen.
2. Die Mehlmischung halbieren. In 250 ml Wasser den Safran und einen Teelöffel Salz auflösen. Das restliche Wasser mit einem Teelöffel Salz und dem Tomatenmark verrühren.
3. Aus der Hälfte der Mehlmischung und des Hefevorteiges mit dem Safranwasser nach Anleitung des Grundrezepts einen Hefeteig herstellen. Mit dem Tomatenwasser und der anderen Hälfte der Mehlmischung und des Hefevorteigs verfahren Sie ebenso. Die beiden Teige etwa 30 Minuten gehen lassen.

4. Die Teige gut durchkneten und auf einer bemehlten Arbeitsfläche zu gleich langen (etwa 45 cm) Strängen formen. Die Rollen gegeneinander verdrehen und die Enden zusammendrücken. Den Zopf mit den Handballen etwas flach drücken und auf ein gefettetes Blech legen.
5. Die Oberfläche mit Wasser bestreichen und mit Pistazien bestreuen. Nochmals 15 Minuten gehen lassen. Im vorgeheizten Ofen bei 250° C etwa 20 Minuten, dann bei 200° C noch 40 Minuten backen.
(auf dem Foto unten)

Variation
Den Safran- und den Tomatenteig auf einer bemehlten Arbeitsfläche gleich groß ausrollen, die Teigplatten mit Wasser bestreichen, übereinanderlegen, aufrollen und mit der Kante nach unten auf ein gefettetes Backblech legen, gehen lassen und backen.

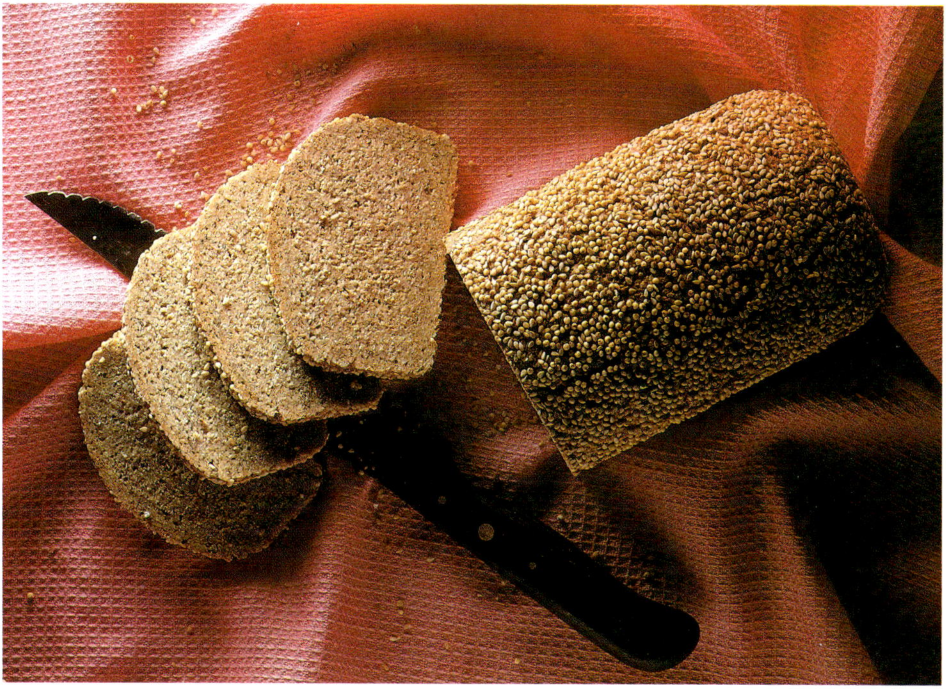

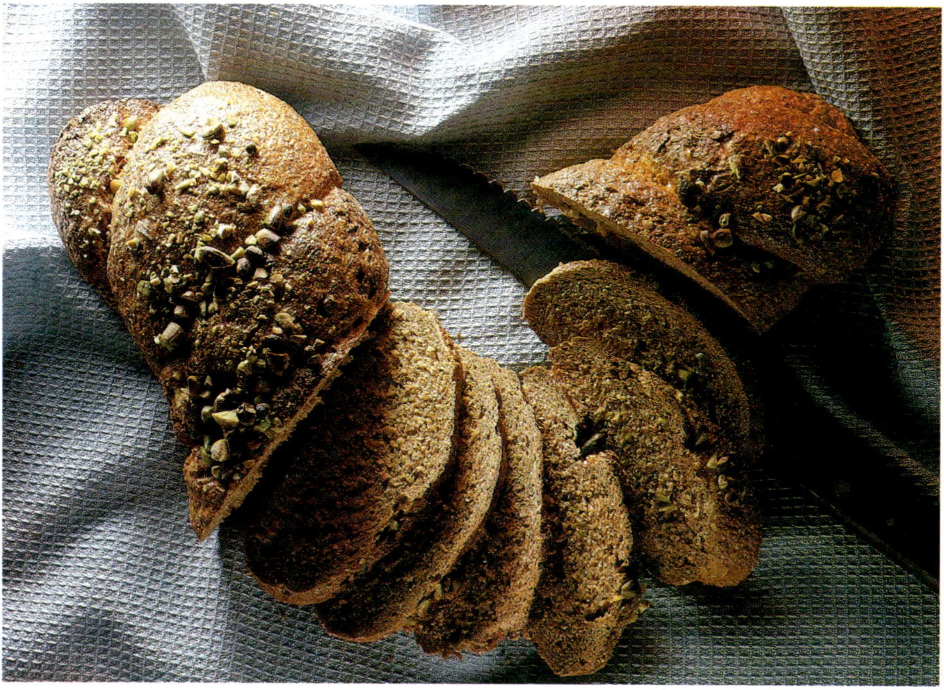

SAUERTEIG-BROTE: IN DER HAUPTROLLE DER ROGGEN

Zwei, die unbedingt zusammengehören: Sauerteig und Roggenvollkornmehl. Es ist gar nicht so schwer, diese schlichten Zutaten in einen kräftigen Leckerbissen zu verwandeln. Das Ergebnis: Jeder Happen macht lange satt, jedes Stück bleibt Tage frisch, und jedes Körnchen hält unseren Körper bei Laune. Ob ein Walnußfladen, ein Sechskornbrot oder eine Zwiebelschnecke mit Soja – am besten, Sie probieren alle einmal aus.

SECHSKORNBROT   WALNUSSFLADEN

Für 1 Brot
Zubereitungszeit: 40–50 Min.
(ohne Gehzeit)
ca. 230 kcal/970 kJ

600 g Sechskornschrot
(Weizen, Roggen, Gerste, Hafer,
Hirse, Buchweizen)
150 g Roggenvollkornmehl
40 g Hefe
etwa 425 ml lauwarmes Wasser
1 TL Honig
150 g (1 Beutel) Natursauerteig
2 TL Vollmeersalz
2 TL Kümmel, ganz

zum Bestreuen:
50 g Hirse
30 g Koriander, ganz

1. Den Sechskornschrot
und das Roggenvollkorn-
mehl mischen, in die Mitte
eine Mulde drücken. Die Hefe mit etwas Wasser und dem
Honig verrühren und in die
Mulde geben. 20 Minuten
gehen lassen.
2. Das restliche Wasser, den
Sauerteig, das Salz sowie
den Kümmel zufügen, dann
alles kräftig durchkneten. 40
Minuten gehen lassen.
3. Den Teig zu einer dicken
Rolle formen. Die Hirse mit
dem Koriander mischen und
den Teig damit bestreuen,
auf ein gefettetes Blech legen
und etwas flach drücken. Die
Oberfläche rautenförmig einschneiden. 30 Minuten ge-
hen lassen. Im vorgeheizten
Ofen bei 200° C etwa 55 Minuten backen.
(auf dem Foto: oben)

Für 1 Fladen
Zubereitungszeit: 50–55 Min.
(ohne Gehzeit)
ca. 290 kcal/1210 kJ

500 g Weizenvollkornmehl
250 g Roggenvollkornmehl
250 g Roggenvollkornschrot
(grob)
40 g Hefe
etwa 600 ml lauwarmes Wasser
3 TL Honig
150 g (1 Beutel) Natursauerteig
3 TL Vollmeersalz
1 TL gemahlener Anis
300 g Walnußkerne

zum Bestreuen:
etwa 30 Walnußhälften

1. Die beiden Vollkornmehl-
sorten mit dem Roggenvollkornschrot mischen, in die
Mitte eine Mulde drücken.
Die Hefe mit etwas Wasser
und dem Honig zu einem
Brei verrühren und in die
Mehlmulde geben. 20 Minu-
ten an einem warmen Ort gehen lassen.
2. Das restliche Wasser zusammen mit dem Sauerteig,
dem Salz und dem Anis zum
Mehl geben und alle Zutaten
kräftig miteinander verkneten. Zum Schluß die Walnüsse ganz oder nach Belieben
gehackt unter den Teig arbeiten. An einem warmen Ort
40 Minuten gehen lassen.
3. Auf einer leicht bemehlten Arbeitsfläche den Teig
noch einmal kurz durchkneten und zu einer Kugel formen. Dann mit dem Hand-

ballen zu einem Fladen (nicht
zu flach) drücken.
4. Den Fladen auf ein gefettetes Blech legen, mit Wasser
bestreichen und 30 Minuten
an einem warmen Ort gehen
lassen.
5. Ein scharfes Messer in
lauwarmes Wasser tauchen
und die Teigoberfläche rautenförmig einschneiden. Anschließend je eine Walnuß-
hälfte in die Mitte einer Raute
setzen und etwas festdrük-
ken. Im vorgeheizten Ofen
bei 220° C etwa 45 Minuten
backen.
(auf dem Foto: unten)

┌─ FEINSCHMECKER-TIP ─┐

Der Walnußfladen
schmeckt besonders gut
zu Käse oder einem
pikanten Kräuterquark.
Er sieht zusammen mit
anderen bunten Bröt-
chen in einem Brotkorb
bei einem kalten Buffet
besonders dekorativ
aus. Sie können üb-
rigens auch statt eines
großen Fladen kleine
Minifladen backen.

ROGGENSTANGE MIT KAPERN UND KERNEN

Für 2 Roggenstangen
Zubereitungszeit: 50–55 Min.
(ohne Gehzeit)
ca. 275 kcal/1150 kJ

1 Grundrezept Sauerteigbrot
(siehe Seite 9)
120 g Kapern
200 g Sonnenblumenkerne

zum Bestreuen:
25 g Sonnenblumenkerne
25 g kernige Haferflocken

1. Nach Einleitung des Grundrezepts einen Sauerteig herstellen.
2. Die Kapern mit Küchenpapier gut trockentupfen und nach Belieben ganz lassen oder fein hacken.
3. Die Kapern und die Sonnenblumenkerne nach der zweiten Ruhezeit unter den Teig kneten. Den Teig halbieren und auf einer bemehlten Arbeitsfläche zu zwei gleich langen Stangen formen.
4. Auf ein gefettetes Blech legen, mit Wasser bestreichen und einige Male quer einschneiden. Die Sonnenblumenkerne mit den Haferflocken mischen und über die Stangen streuen. Etwas andrücken. 30 Minuten an einem warmen Ort gehen lassen. Im vorgeheizten Ofen bei 220°C etwa 45 Minuten backen.
(auf dem Foto: unten)

WÜRZIGES BROT MIT KRÄUTERN

Für 1 Brot
Zubereitungszeit: 50–55 Min.
(ohne Gehzeit)
ca. 225 kcal/940 kJ

1 Grundrezept Sauerteigbrot
(siehe Seite 9)
120 g Leinsamen
2 geriebene Zwiebeln
½ TL geriebener Muskat
1 TL gemahlener Pfeffer
1 TL Kümmel, ganz
½ TL Kardamom
2 EL getrockneter Oregano
1 EL getrockneter Thymian
1 EL getrocknetes Basilikum

zum Bestreuen:
100 g Leinsamen

1. Nach Anleitung des Grundrezepts einen Sauerteig herstellen.

2. Leinsamen, geriebene Zwiebel, Gewürze und Kräuter nach der zweiten Ruhezeit unter den Teig kneten. Den Teig auf einer bemehlten Arbeitsfläche zu einem ovalen Laib formen.

3. Den Leinsamen auf die Arbeitsfläche streuen und den Teig darin wälzen.

4. Eine Kastenform ausfetten, den Teig hineinlegen und mit Wasser bestreichen. Dann einmal in der Mitte mit einem Messer einkerben. 30 Minuten gehen lassen. Im vorgeheizten Ofen bei 220°C etwa 60 Minuten backen.
(auf dem Foto: oben)

ZWIEBELSCHNECKE MIT SOJA

Für 1 große Schnecke
Zubereitungszeit: 60–65 Min.
(ohne Gehzeit)
ca. 230 kcal/960 kJ

500 g Weizenvollkornschrot
300 g Sojaschrot
40 g Hefe
etwa 450 ml lauwarmes Wasser
1 TL Honig
150 g (1 Beutel) Natursauerteig
2 TL Vollmeersalz
250 g Zwiebeln
30 g Butter
3 EL gehackte Petersilie

1. Weizenvollkorn- und Sojaschrot mischen und in die Mitte eine Mulde drücken. Die Hefe mit etwas Wasser und dem Honig zu einem Brei verrühren und in die Mulde geben. 20 Minuten gehen lassen.
2. Das restliche Wasser, den Sauerteig und das Salz zufügen und unterkneten. 30 Minuten gehen lassen.
3. Die Zwiebeln schälen, in Würfel schneiden und in dem Fett glasig dünsten.
4. Die Zwiebeln und die Petersilie in den Teig einarbeiten. Auf einer bemehlten Arbeitsfläche zu einer langen Rolle formen und auf einem gefetteten Blech zu einer Schnecke aufrollen.
5. Mit Wasser bestreichen und 20 Minuten gehen lassen. Im vorgeheizten Ofen bei 200° C etwa 55 Minuten backen.
(auf dem Foto oben)

KÖRNERBROT MIT KÜRBISKERNEN

Für 2 Brote
Zubereitungszeit: 40–50 Min.
(ohne Gehzeit)
ca. 270 kcal/1130 kJ

500 g Roggenkörner
500 g Roggenvollkornschrot
250 g kernige Haferflocken
40 g Hefe
etwa 380 ml lauwarmes Wasser
1 TL Honig
150 g (1 Beutel) Natursauerteig
2 TL Vollmeersalz
1 TL Kardamom
200 g Kürbiskerne

zum Bestreuen:
30 g kernige Haferflocken
30 g Roggenvollkornschrot
(grob)

1. Die Roggenkörner mit Wasser übergießen und über Nacht quellen lassen.
2. Roggenvollkornschrot und Haferflocken mischen und in die Mitte eine Mulde drücken. Die Hefe mit etwas Wasser und dem Honig zu einem Brei verrühren und in die Mulde geben. 20 Minuten an einem warmen Ort gehen lassen.
3. Das restliche Wasser, den Sauerteig, die vorgequollenen Roggenkörner, Salz und Kardamom zufügen und alles gut miteinander verkneten. Zum Schluß die Kürbiskerne einarbeiten. Den Teig 30 Minuten an einem warmen Ort gehen lassen.
4. Auf einer bemehlten Arbeitsfläche den Teig nochmals kurz durchkneten und zwei Brotlaibe formen.
5. Ein Blech einfetten. Die Haferflocken mit dem Roggenvollkornschrot mischen und einen Teil davon über das Blech streuen.
6. Die Brotlaibe auf das Blech setzen. Die Oberflächen mit Wasser bestreichen und die restliche Haferflokken-Schrot-Mischung darüberstreuen. 20 Minuten gehen lassen. Im vorgeheizten Ofen bei 200° C etwa 50 Minuten backen.
(auf dem Foto unten)

Variation
Wenn Sie es nicht ganz so körnig mögen, ersetzen Sie den Roggenschrot durch Roggenvollkornmehl und die Haferflocken durch gemahlenen Hafer. Statt der ganzen Roggenkörner können Sie auch gekeimtes Getreide verwenden. Damit der Teig nicht zu trocken wird, brauchen Sie eventuell etwas mehr Wasser.

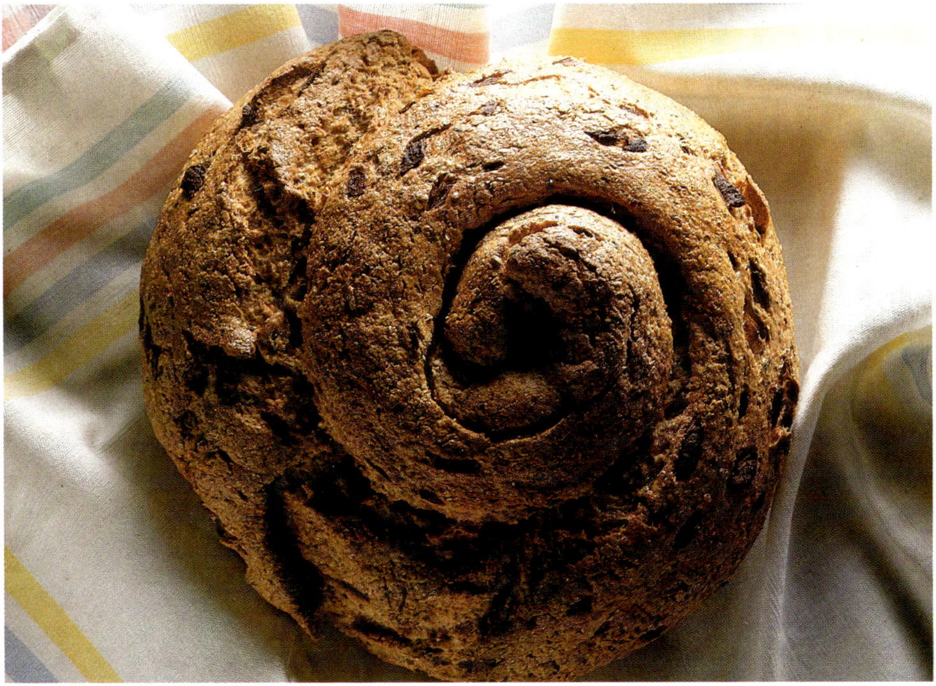

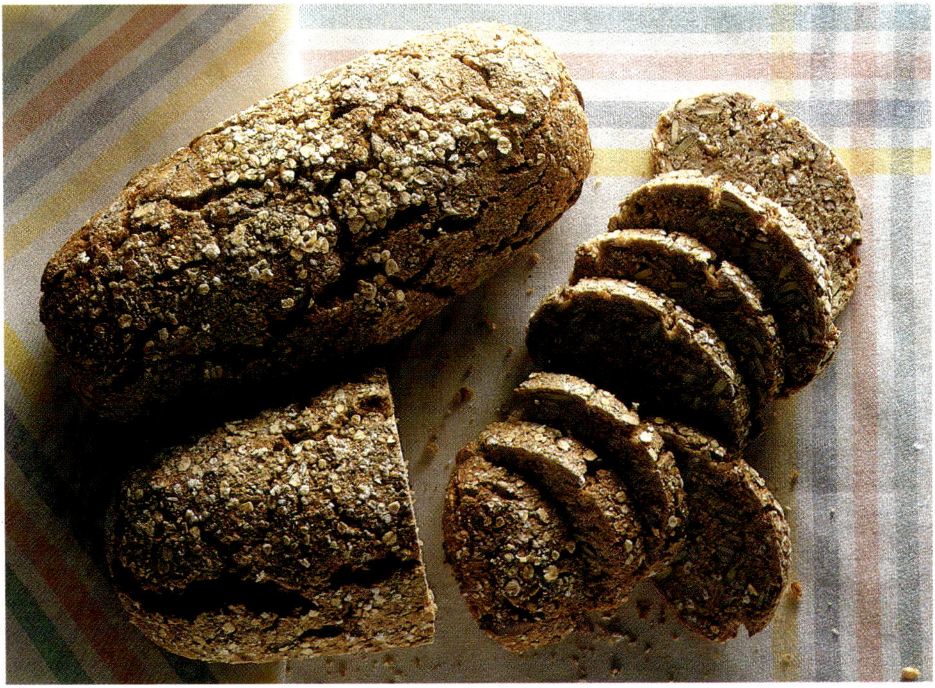

KERNIGES GEWÜRZBROT

Für 1 großes Brot
Zubereitungszeit: 40–50 Min.
(ohne Gehzeit)
ca. 255 kcal/1070 kJ

---

200 g Weizenkörner

500 g Weizenvollkornschrot
(fein)

250 g Roggenvollkornschrot
(fein)

40 g Hefe

etwa 450 ml lauwarmes Wasser

1 TL Honig

150 g (1 Beutel) Natursauerteig

2 TL Vollmeersalz

3 TL getrockneter Thymian

3 TL Knoblauchpfeffer

3 TL gemahlener Kümmel

zum Bestreuen:
50 g Roggenvollkornschrot
(grob)

1. Die Weizenkörner mit kochendem Wasser übergießen und über Nacht quellen lassen.

2. Weizen- und Roggenvollkornschrot in einer Schüssel mischen und in die Mitte eine Mulde drücken. Die Hefe mit etwas Wasser und dem Honig zu einem Brei verrühren und in die Mulde geben. Die Oberfläche mit etwas Schrot bestäuben und den Hefevorteig an einem warmen Ort 30 Minuten gehen lassen.

3. Das restliche Wasser, den Sauerteig, das Salz, die vorgequollenen Weizenkörner sowie Kräuter und Gewürze zufügen. Alle Zutaten kräftig verkneten. Weitere 30 Minuten an einem warmen Ort gehen lassen.

4. Den Teig nochmals kurz durcharbeiten, zu einem Laib formen und in eine gefettete Kastenform legen. Nochmals 30 Minuten an einem warmen Ort gehen lassen, bis sich der Umfang etwa verdoppelt hat.

5. Die Oberfläche mit Wasser bestreichen, Schrot darüberstreuen und das Brot im vorgeheizten Ofen bei 200 bis 220°C etwa 60 Minuten backen.

Variation
Statt der Weizenkörner können Sie auch vorgequollene Hirse, Weizen- oder Roggenkörner in den Teig arbeiten.

Mischbrot mit Käsewürfeln

Für 1 Brot
Zubereitungszeit: 50–60 Min.
(ohne Gehzeit)
ca. 270 kcal/1130 kJ

400 g Roggenvollkornschrot
(fein)
100 g Weizenvollkornschrot
(mittelfein)
100 g Hafervollkornschrot
(grob)
40 g Hefe
1 TL Honig
etwa 300 ml lauwarme Milch
150 g (1 Beutel) Natursauerteig
2 TL Vollmeersalz
1 TL gemahlenen Pfeffer
2 TL gemahlenen Paprika
400 g Schnittkäse (z. B. mittel-
alten Gouda)

zum Bestreuen:
50 g gehobelte Haselnüsse

1. Roggen-, Weizen- und Hafervollkornschrot mischen, in die Mitte eine Mulde drücken. Die Hefe mit Honig und etwas Milch zu einem Brei verrühren und in die Mehlmulde geben. 20 Minuten an einem warmen Ort gehen lassen.
2. Die restliche Milch, den Sauerteig, Salz, Pfeffer und Paprika zufügen und alle Zutaten kräftig miteinander verkneten. Den Teig 30 Minuten gehen lassen.
3. Den Käse in Würfel schneiden und in den Teig einarbeiten. Auf einer bemehlten Arbeitsfläche zu einem ovalen Laib formen.

4. Den Laib mit der Handkante in der Mitte längs eindrücken. Die eine Seite flach ausrollen und wie bei einem Stollen einschlagen.
5. Die Oberfläche mit Wasser bestreichen, dann mit den gehobelten Haselnüssen gleichmäßig bestreuen. Nochmals 20 Minuten an einem warmen Ort gehen lassen. Im vorgeheizten Ofen bei 200° C etwa 60 Minuten backen.
(auf dem Foto: unten)

┌─ **Feinschmecker-Tip** ─┐

Sauerteigbrote sollten nach dem Backen mindestens zehn bis zwölf Stunden ruhen. Erst dann schmecken sie gut und lassen sich leicht aufschneiden. Wer außerdem noch eine besonders schöne Kruste wünscht, bestreicht das fast fertig gebackene Brot noch einmal mit Wasser. Ist die Oberfläche mit Nüssen oder Samen bestreut, feuchten Sie die Oberfläche am besten mit einem Wasserzerstäuber kurz an.

Ganzkornbrot

Für 2 Brote
Zubereitungszeit: 35–45 Min.
(ohne Gehzeit)
ca. 250 kcal/1040 kJ

je 100 g Gersten-, Weizen-,
Roggen-, Hirse- und
Haferkörner
500 g Roggenvollkornschrot
500 g Weizenvollkornschrot
40 g Hefe
1 TL Honig
etwa 450 ml lauwarmes Wasser
2 TL Vollmeersalz
150 g (1 Beutel) Natursauerteig
2 TL Kümmel, ganz

1. Die Körner mit Wasser bedeckt über Nacht quellen lassen.
2. Roggen- und Weizenvollkornschrot mischen. In die Mitte eine Mulde drücken. Die Hefe mit dem Honig und etwas Wasser verrühren, in die Mulde geben und 20 Minuten an einem warmen Ort gehen lassen.
3. Das restliche Wasser, das Salz, den Sauerteig, den Kümmel und die vorgequollenen Körner zugeben und kräftig miteinander verarbeiten. Zwei Stunden an einem warmen Ort gehen lassen.
4. Den Teig in zwei gefettete Formen füllen, einkerben und mit Alufolie abdecken. Im vorgeheizten Ofen 90 Minuten, dann 30 Minuten ohne Folie backen.
(auf dem Foto: oben)

GESUNDE BROTE MIT SÜSSER NOTE

Vollkornbrote für Nasch-
katzen – natürlich mit „Zu-
gabe". Die süßen Solisten:
Honig, Ahornsirup, Rosinen,
getrocknete Feigen oder
Pflaumen. Die erste Geige
aber spielen in jedem Fall
kraftvolles Mehl und Schrot
aus der Natur.

SÜSSE RIESENSCHNECKE

TONTOPFBROT

Für 1 Brot
Zubereitungszeit: 55–65 Min.
(ohne Gehzeit)
ca. 260 kcal/1090 kJ

---

300 g Weizenvollkornmehl
20 g Hefe
etwa 60 ml lauwarmes Wasser
60 g Zuckerrohrgranulat
200 g Magerquark
50 g Butter
2 Eier
½ TL Vollmeersalz
1 TL gemahlener Zimt
125 g ungeschwefelte Rosinen

außerdem:
1 Eigelb
60 g Mandelstifte
30 g Zuckerrohrgranulat
½ TL gemahlener Zimt

1. In das Weizenvollkornmehl eine Vertiefung drükken. Die Hefe mit dem Zuckerrohrgranulat in dem Wasser auflösen, in die Mulde geben und mit etwas Mehl verrühren. An einem warmen Ort 30 Minuten gehen lassen.
2. Den Magerquark, die Butter, die Eier, Salz und Zimt zufügen und alles kräftig durchkneten. Die gewaschenen und trockengetupften Rosinen unterarbeiten. Weitere 30 Minuten gehen lassen.
3. Den Teig kurz durchkneten, zu einer etwa 50 cm langen Rolle formen. Den Teigstrang zu einer Schnecke aufrollen und auf ein gefettetes Blech setzen.

4. Die Teigoberfläche mit Eigelb bestreichen. Mandelstifte, Zuckerrohrgranulat und Zimt vermischen und gleichmäßig über die Schnecke verteilen. Nochmals 10 Minuten an einem warmen Ort gehen lassen. Den Ofen auf 200°C vorheizen. Die Schnecke 30 bis 35 Minuten backen.
(auf dem Foto: oben)

┌─ FEINSCHMECKER-TIP ─┐

Die Rosinen, die aus dem Teig herausragen, hineindrücken, damit sie beim Backen nicht schwarz werden.

Für 2 Brote
Zubereitungszeit: 40–50 Min.
(ohne Gehzeit)
ca. 250 kcal/1050 kJ

---

40 g Hefe
2 TL Honig
etwa 450 ml lauwarmes Wasser
800 g Weizenvollkornmehl
50 g Weizenkleie
2 TL Vollmeersalz
120 g Pistazien
120 g ungeschwefelte,
getrocknete Apfelringe

1. Die Hefe zerbröckeln und mit dem Honig und 100 ml Wasser verrühren. 15 Minuten an einem warmen Ort gehen lassen.
2. Das Weizenvollkornmehl mit der Kleie und dem Salz mischen, den Hefevorteig und das restliche Wasser dazugeben. Alles miteinander verkneten. Die gehackten Pistazien und die gewürfelten Apfelringe unterarbeiten. An einem warmen Ort 45 Minuten gehen lassen.
3. Zwei Blumentöpfe aus Ton mit je 12 cm Durchmesser am Boden mit Alufolie auslegen, innen mit Fett ausstreichen. Den Teig durchkneten, halbieren und in die Töpfe geben. 15 Minuten gehen lassen. Die Oberflächen mit Wasser bestreichen und sternförmig einschneiden. 30 bis 40 Minuten bei 220°C auf der unteren Schiene backen.
(auf dem Foto: unten)

BANANENBROT MIT PINIENKERNEN

Für 1 kleines Brot
*Zubereitungszeit: 40–50 Min.
(ohne Gehzeit)
ca. 315 kcal/1320 kJ*

3 mittelgroße Bananen
30 g Butter
2 Eier
200 g Honig
50 ml Milch
1 Vanilleschote
250 g Weizenvollkornmehl
1 TL Weinstein-Backpulver
1 Prise Vollmeersalz
120 g Pinienkerne

1. Die Bananen schälen und mit einer Gabel zerdrükken. Die Butter in einer Pfanne erhitzen, das Bananenmus darin kurz andünsten, dann erkalten lassen.

2. Die Eier trennen. Die Eigelbe mit dem Honig schaumig schlagen. Die Milch, das Mark der Vanilleschote und das Bananenmus hinzufügen. Alles gut miteinander vermengen.

3. Das Weizenvollkornmehl mit dem Backpulver und dem Salz mischen. Nach und nach zusammen mit den Pinienkernen in die Banan en-Eigelb-Masse einrühren. Alle Zutaten gründlich miteinander verkneten. Dann die steifgeschlagenen Eiweiße vorsichtig unterziehen.

4. Den Teig in eine gefettete Kastenform füllen. Im vorgeheizten Ofen bei 180°C 60 bis 75 Minuten backen.
(auf dem Foto: rechts)

VOLLKORNZOPF MIT BACKPFLAUMEN

Für 1 Zopf
Zubereitungszeit: 50–60 Min.
(ohne Gehzeit)
ca. 275 kcal/1150 kJ

500 g Weizenvollkornmehl
20 g Hefe
60 g Zuckerrohrgranulat
etwa 250 ml lauwarme Milch
50 g Butter
1 Prise Vollmeersalz
200 g ungeschwefelte,
getrocknete Backpflaumen

außerdem:
1 Eigelb
50 g Mandelblättchen

1. Das Weizenvollkornmehl in eine Schüssel geben, in die Mitte eine Mulde drücken. Die Hefe mit dem Zuckerrohrgranulat in der Milch auflösen, in die Mulde gießen und mit einem Teil des Mehles verrühren. 20 Minuten gehen lassen.

2. Butter und Salz zugeben und alles gut verkneten, die in Würfel geschnittenen Backpflaumen unterarbeiten.

3. Den Teig dritteln. Die Stücke zu gleich langen Strängen ausrollen und daraus einen Zopf flechten. Auf ein gefettetes Blech legen. Mit dem Eigelb bestreichen und den Mandelblättchen bestreuen. 30 Minuten gehen lassen. Den Ofen auf 200° C vorheizen. Den Zopf 35 bis 40 Minuten backen. *(auf dem Foto: links)*

HASELNUSSBROT

KÜRBISKERNBROT

Für 1 Brot
Zubereitungszeit: 40–45 Min.
(ohne Gehzeit)
ca. 310 kcal/1300 kJ

250 g Weizenvollkornmehl
250 g Weizenvollkornschrot
(mittelfein)
etwa 250 ml lauwarmes Wasser
100 g Zuckerrohrgranulat
40 g Hefe
2 EL Sonnenblumenöl
2 EL Haselnußmus
125 g ganze Haselnüsse
½ TL Vollmeersalz
1 Msp. Kardamom
1 EL Kakao oder Carobe

außerdem:

30 g Zuckerrohrgranulat
30 g gehackte Haselnüsse
80 g flüssige Butter

1. Das Weizenvollkornmehl mit dem Schrot mischen. In dem Wasser das Zucker-rohrgranulat und Hefe auflö-sen und zum Mehl geben. Dann die restlichen Zutaten zufügen und alles zu einem glatten Teig verkneten. An einem warmen Ort 40 Minu-ten gehen lassen.
2. Nun den Teig nochmals durchkneten, in eine gefette-te Kastenform legen und die Oberfläche einmal längs ein-schneiden. Bei 200°C etwa 40 Minuten backen.
3. Danach in die Kerbe das Zuckerrohrgranulat, die Nüs-se und darüber die flüssige Butter geben. Weitere 10 Mi-nuten backen.
(auf dem Foto oben)

Für 1 großes Brot
Zubereitungszeit: 40–50 Min.
(ohne Gehzeit)
ca. 280 kcal/1170 kJ

250 g Roggenvollkornmehl
150 ml lauwarmes Wasser
250 g Weizenvollkornmehl
60 g Walnüsse
25 g Hefe
2 EL Sonnenblumenöl
2 EL Honig
etwa 125 ml lauwarmes Wasser
1 TL Vollmeersalz
1 TL gemahlener Koriander
1 TL gemahlener Fenchel
100 g ungeschwefelte,
getrocknete Aprikosen
100 g Kürbiskerne

1. Das Roggenvollkornmehl mit dem Wasser verrühren und über Nacht quellen lassen.
2. Das Weizenvollkornmehl in eine große Schüssel geben und mit den grob gehackten Walnüssen, der Hefe, dem Sonnenblumenöl, Honig, Wasser, Salz und Ge-würzen mischen. Alles mit dem gequollenen Roggen-vollkornmehl kräftig durch-kneten, bis ein fester Hefeteig entsteht.
3. Die Aprikosen fein wür-feln und zum Schluß mit den Kürbiskernen unterarbeiten. Den Teig zwei Stunden an einem warmen Ort gehen lassen, bis sich das Volumen deutlich vergrößert hat.
4. Den Teig nochmals kurz durchkneten. Einen runden Laib formen, auf ein gefette-

tes Blech setzen und etwa 30 Minuten gehen lassen.
5. Die Oberfläche gleichmä-ßig mit lauwarmem Wasser bestreichen, mit einem scharfen Messer rautenför-mig einschneiden und noch einmal 10 Minuten gehen lassen. Den Ofen auf 200°C vorheizen und das Kürbis-kernbrot 55 bis 65 Minuten backen.
(auf dem Foto unten)

┌─ **FEINSCHMECKER-TIP** ─┐

Das fertiggebackene Kürbiskernbrot schmeckt noch besser, wenn es in Alufolie gewickelt mindestens einen Tag ruht. In dieser Zeit können die Gewürze und die Aprikosen ihr Aroma intensiver ent-wickeln.

GEFÜLLTES FRÜCHTEBROT

Für 1 kleines Brot
Zubereitungszeit: 60–65 Min.
(ohne Gehzeit)
ca. 290 kcal/1210 kJ

Teig:

20 g Hefe
etwa 100 ml lauwarme Milch
40 g Zuckerrohrgranulat
300 g Weizenvollkornmehl
70 g Butter
1 Prise Vollmeersalz
1 Ei
etwas Weizenvollkornschrot
(fein), zum Ausrollen

Füllung:

1 EL Haselnußmus
125 ml Wasser
je 100 g ungeschwefelte,
getrocknete Datteln, Feigen
und Rosinen
50 g ungeschwefelte,
getrocknete Aprikosen
100 g Mandeln
100 g Weizenvollkornmehl

1. Die Hefe in die Milch bröckeln, das Zuckerrohrgranulat zugeben und glattrühren.
2. Das Weizenvollkornmehl zusammen mit der Butter, dem Salz und dem Ei in eine große Schüssel geben. Die Hefemilch darüber gießen. Dann alle Zutaten gründlich verkneten, bis ein elastischer Teig entsteht. Etwa 30 Minuten an einem warmen Ort gehen lassen.
3. Für die Füllung das Haselnußmus mit dem Wasser glattrühren. Die Datteln und die Feigen in mandelgroße Stücke schneiden. Die Rosinen waschen und mit Küchenkrepp trockentupfen. Die Aprikosen fein hacken.
4. Die Mandeln und die Trockenfrüchte mischen. Das glattgerührte Haselnußmus zugeben und das Mehl nach und nach unterrühren. Die Masse zu einer länglichen Rolle formen.
5. Den Hefeteig kurz durchkneten, dann auf etwas Weizenvollkornschrot zu einem Rechteck ausrollen. Die Früchterolle in die Mitte der Teigplatte legen und damit einschlagen. Die Kante nach unten drehen und die Teigenden gut zusammendrücken. Die Rolle auf ein gefettetes Backblech legen und an einem warmen Ort 45 Minuten gehen lassen.
6. Den Ofen auf 200° C vorheizen und das Früchtebrot 40 bis 45 Minuten backen. Die letzten 10 Minuten mit Alufolie abdecken, damit die Oberfläche nicht zu braun wird.

SAFTIGES DÖRROBSTBROT

Für 1 Brot
Zubereitungszeit: 40–45 Min
(ohne Gehzeit)
ca. 315 kcal/1320 kJ

50 g Butter
200 ml lauwarme Milch
50 g Hefe
50 g Zuckerrohrgranulat
1 EL Ahornsirup
½ TL gemahlene Nelken
½ TL Kardamom
1 Msp. gemahlener Anis
75 g ungeschwefelte Rosinen
je 120 g ungeschwefelte
Dörrbirnen und Feigen
120 g gehackte Walnüsse
80 g kernige Haferflocken
180 g Weizenvollkornmehl

1. Die Butter schmelzen und mit der lauwarmen Milch verrühren. Die Hefe, das Zuckerrohrgranulat und den Ahornsirup darin auflösen. Dann die Gewürze, die Rosinen, die gewürfelten Birnen und Feigen sowie die Nüsse zufügen und gut verrühren.
2. Nach und nach die Haferflocken und das Weizenvollkornmehl unterarbeiten. 30 Minuten an einem warmen Ort gehen lassen.
3. Den Teig kurz durchkneten und in eine gefettete Kastenform geben. Das Brot in den kalten Ofen auf die untere Schiene stellen. Auf 50°C schalten. Nach 10 Minuten auf 175°C hochdrehen und etwa 40 Minuten backen.
(auf dem Foto: unten)

VOLLKORNROLLE MIT ROSINENFÜLLUNG

Für 2 Vollkornrollen
Zubereitungszeit: 60–65 Min.
(ohne Gehzeit)
ca. 295 kcal/1230 kJ

Teig:
40 g Hefe
etwa 300 ml lauwarme Milch
500 g Weizenvollkornmehl
100 g Honig
abgeriebene Schale einer
unbehandelten Zitrone
1 TL Vollmeersalz
3 Eigelb
100 g Butter

Füllung:
40 g flüssige Butter
2 TL Zimt
4 EL Zuckerrohrgranulat
200 g ungeschwefelte
Sultaninen

außerdem:
Vollkornsemmelbrösel
für die Form

1. Die Hefe in 200 ml Milch auflösen und mit der Hälfte des Weizenvollkornmehls zu einem Vorteig verarbeiten. An einem warmen Ort 20 Minuten gehen lassen.
2. Den Vorteig zusammen mit der restlichen Milch, dem Honig und der Zitronenschale und dem restlichen Mehl durchkneten. Das Salz mit den Eigelben verrühren und unter den Teig arbeiten. Dann erst die Butter unterkneten und den Teig 30 Minuten an einem warmen Ort gehen lassen. Kräftig durchkneten und nochmals 30 Minuten gehen lassen.
3. Den Teig in zwei gleich große Kugeln teilen und jede etwa fingerdick zu einem Rechteck ausrollen.
4. Die Oberflächen mit der zerlassenen Butter bestreichen. Den Zimt und das Zuckerrohrgranulat mit den Sultaninen vermengen und diese Mischung gleichmäßig auf beide Rechtecke verteilen.
5. Jedes Teigstück wie eine Biskuitroulade aufrollen und etwa 25 Minuten an einem warmen Ort gehen lassen. Eine Kasserolle ausfetten, mit Vollkornsemmelbröseln ausstreuen und die Teigrollen nebeneinander hineinlegen. Mit Wasser bestreichen und im vorgeheizten Ofen bei 180°C etwa 60 Minuten backen.
(auf dem Foto: oben)

BRÖTCHEN BREZELN UND BRIOCHES — KLEIN, ABER OHO!

Mit ihren „belaibten" Verwandten können sich die kleinen Kernigen allemal messen. Schließlich haben sie genausoviel Gutes unter und auf ihrem braungebrannten Mantel vorzuzeigen: Sesam, Mohn, Nüsse, Oliven, Kräuter, Käse, Kürbiskerne – und echtes Schrot und Korn. Einfach zum Reinbeißen und so unwiderstehlich, daß man sie keinen Morgen missen möchte und sie auch zwischendurch liebend gern verputzt.

SOJABREZELN

BUCHWEIZEN-BRÖTCHEN

Für ca. 15 Brezeln
Zubereitungszeit: 55–65 Min.
(ohne Gehzeit)
ca. 160 kcal/670 kJ

---

400 g Weizenvollkornmehl
100 g Sojaflocken
40 g Hefe
2 TL Vollmeersalz
etwa 375 ml lauwarme
Buttermilch
1 TL Honig
40 g Butter
2 TL gehackte Petersilie

außerdem:
1 Eigelb
50 g geriebene Haselnüsse

1. Weizenvollkornmehl mit den Sojaflocken mischen. Die Hefe und das Salz mit etwas Buttermilch verrühren. Den Honig und drei Eßlöffel der Mehlmischung dazugeben und alles vermengen. 20 Minuten an einem warmen Ort gehen lassen.
2. Den Rest Mehl und Buttermilch sowie die Butter zugeben und alles gründlich verkneten. Zum Schluß die Petersilie unterarbeiten. Weitere 20 Minuten an einem warmen Ort gehen lassen.
3. Den Teig in 15 gleich große Stücke teilen, zu Kugeln formen, auf einer bemehlten Arbeitsfläche zu etwa 40 cm langen Strängen rollen.

4. Die Teigenden der Stränge übereinanderlegen, einmal ineinander verschlingen und am oberen Brezelbogen festdrücken.
5. Das Eigelb mit etwas Wasser verquirlen. Die Brezeln damit bestreichen und kopfüber in die geriebenen Haselnüsse legen. Auf ein gefettetes Blech setzen und 30 Minuten an einem warmen Ort gehen lassen. Im vorgeheizten Ofen bei 200° C etwa 20 Minuten backen.
(auf dem Foto: oben)

> ┌─ FEINSCHMECKER-TIP ─┐
>
> Besonders saftig schmecken die Sojabrezeln, wenn Sie etwa 150 g gekeimte Getreidekörner oder Sojabohnenkeime mit unter den Teig mischen. Die Brezeln schmecken frisch am besten und sollten nicht länger als 2 Tage aufbewahrt werden.

Für ca. 18 Brötchen
Zubereitungszeit: 40–50 Min.
(ohne Gehzeit)
ca. 145 kcal/610 kJ

---

125 g Buchweizenschrot
125 g Weizenvollkornmehl
125 g Roggenvollkornmehl
30 g Hefe
etwa 125 ml lauwarmes Wasser
1 TL Vollmeersalz
2 Eigelb
30 g Butter
200 g Naturjoghurt
150 g Kürbiskerne

1. Buchweizenschrot in einer Pfanne ohne Fett kurz anrösten. Dann mit dem Weizen- und Roggenvollkornmehl mischen.
2. Die Hefe in dem Wasser auflösen, mit drei Eßlöffel der Mehlmischung verrühren und 20 Minuten an einem warmen Ort gehen lassen.
3. Alle übrigen Zutaten unterkneten und weitere 20 Minuten an einem warmen Ort gehen lassen.
4. Den Teig in 18 gleich große Stücke teilen, zu Bällchen formen und auf ein gefettetes Blech setzen.
5. Die Oberflächen mit Wasser bestreichen und einmal kreuzweise einschneiden. 20 Minuten gehen lassen. Im vorgeheizten Ofen bei 200° C etwa 20 Minuten backen.
(auf dem Foto: unten)

KÄSEBRÖTCHEN

Für ca. 15 Brötchen
Zubereitungszeit: 50–60 Min.
(ohne Gehzeit)
ca. 155 kcal/650 kJ

400 g Weizenvollkornschrot
100 g Roggenvollkornschrot
40 g Hefe
etwa 250 ml lauwarmes Wasser
125 g Magerquark
2 TL Vollmeersalz

außerdem:

100 g geriebener Käse
2 Eigelb
etwas gemahlener Paprika
50 g Weizenvollkornschrot

1. Weizen- und Roggenvoll-kornschrot mischen und in die Mitte eine Mulde drücken. Die Hefe mit etwas Wasser verrühren, in die Mulde geben und 15 Minuten gehen lassen.

2. Das restliche Wasser, den Quark und das Salz zufügen und alles gut verkneten. 30 Minuten gehen lassen.

3. Käse mit Eigelben und Paprika mischen.

4. Aus dem Teig 15 runde Brötchen formen. Jeden Teigkloß flach drücken, in der Mitte auseinanderziehen, dann etwas von der Käse-masse hineinfüllen. Den Rand mit Wasser bestrei-chen. Mit der Unterseite in Schrot wälzen und auf ein gefettetes Blech setzen. 20 Minuten gehen lassen. Bei 220°C etwa 20 Minuten im vorgeheizten Ofen backen. *(auf dem Foto: links)*

WALNUSS-BRÖTCHEN

Für ca. 15 Stück
Zubereitungszeit: 40–50 Min.
(ohne Gehzeit)
ca. 120 kcal/500 kJ

200 g Weizenvollkornmehl
75 g Roggenvollkornschrot (mittel)
75 g Hafervollkornmehl
20 g Hefe
etwa 125 ml lauwarme Buttermilch
1 TL Vollmeersalz
etwa 125 ml kohlensäurehaltiges Mineralwasser
100 g Walnußkerne

1. Die drei Mehlsorten mischen und in die Mitte eine Mulde drücken. Die Hefe hineinbröckeln, mit der Buttermilch und etwas Mehl verrühren und 15 Minuten gehen lassen.

2. Den Vorteig mit dem Mehl, dem Salz und dem Mineralwasser verrühren. Den Teig etwa 10 Minuten kneten. Eine Stunde an einem warmen Ort gehen lassen.

3. Die Walnüsse grob hakken und unter den Teig kneten. Den Teig in 15 gleich große Stücke teilen, zu Brötchen formen und auf ein gefettetes Blech setzen. 15 Minuten gehen lassen.

4. Die Brötchen mit Wasser bestreichen und einmal tief einschneiden. Im vorgeheizten Ofen etwa 10 Minuten bei 250°C, dann 15 Minuten bei 200°C backen.
(auf dem Foto: rechts)

SESAMSTANGEN MIT ROSINEN

Für ca. 30 Stangen
Zubereitungszeit: 55–65 Min.
(ohne Gehzeit)
ca. 125 kcal/520 kJ

500 g Weizenvollkornmehl
250 g Hafervollkornmehl
2 TL Vollmeersalz
1 TL gemahlener Anis
40 g Hefe
1 TL Zuckerrohrgranulat
etwa 500 ml lauwarmes Wasser
60 g Pinienkerne
100 g ungeschwefelte Rosinen

zum Bestreuen:
50 g Sesam
50 g kernige Haferflocken

1. Die beiden Mehlsorten mit Salz und Anis mischen. Die zerbröckelte Hefe mit dem Zuckerrohrgranulat im Wasser auflösen, zum Mehlgemisch geben und alles gründlich durchkneten. 30 Minuten an einem warmen Ort gehen lassen.
2. Die Pinienkerne in einer Pfanne ohne Fett goldgelb rösten und zusammen mit den gewaschenen und trockengetupften Rosinen in den Teig kneten.
3. Den Teig in 30 gleich große Stücke teilen und mit den Händen zu Kugeln formen. Die Kugeln auf einer bemehlten Arbeitsfläche zu etwa 15 cm langen Stangen rollen und 15 Minuten an einem warmen Ort gehen lassen.
4. Den Sesam mit den Haferflocken mischen. Die Teigstangen auf der Oberseite mit Wasser bestreichen, in die Haferflocken-Sesam-Mischung drücken und auf ein gefettetes Blech legen. In den kalten Ofen schieben und etwa 20 Minuten bei 200°C backen.
(auf dem Foto oben)

┌─ FEINSCHMECKER-TIP ─┐

Besonders aromatisch schmecken die Sesamstangen, wenn der Hafer zunächst ungemahlen in einer Pfanne leicht geröstet und erst dann gemahlen wird.

ZWIEBELWICKEL

Für ca. 15 Stück
Zubereitungszeit: 60–70 Min.
(ohne Gehzeit)
ca. 160 kcal/670 kJ

1 Grundrezept Hefeteigbrot
(siehe Seite 9)
400 g Zwiebeln
etwas Butter
gemahlener Pfeffer
1 Eigelb

1. Nach Anleitung des Grundrezepts einen Hefeteig herstellen.
2. Die Zwiebeln schälen, fein würfeln, in einer Pfanne mit etwas Butter andünsten. Auf Küchenkreppapier geben und etwas abkühlen lassen.
3. Den Hefeteig in 15 gleich große Stücke teilen. Jedes Stück auf einer bemehlten Arbeitsfläche zu einem schmalen Rechteck (etwa 6 x 20 cm) ausrollen.
4. Auf die Rechtecke die gedünsteten Zwiebeln verteilen, etwas andrücken, mit Pfeffer würzen. Von der schmalen Seite her aufrollen und die Enden mit verquirltem Eigelb bestreichen.
5. Die Wickel auf ein gefettetes Blech setzen und leicht flachdrücken. 15 Minuten gehen lassen. Im vorgeheizten Ofen bei 220°C etwa 25 Minuten backen.
(auf dem Foto unten)

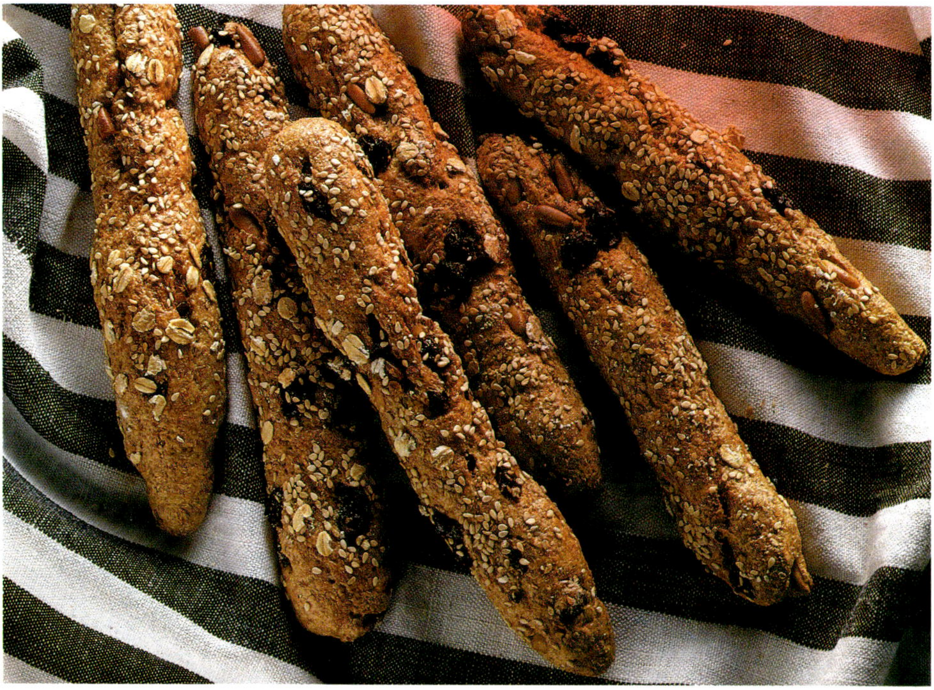

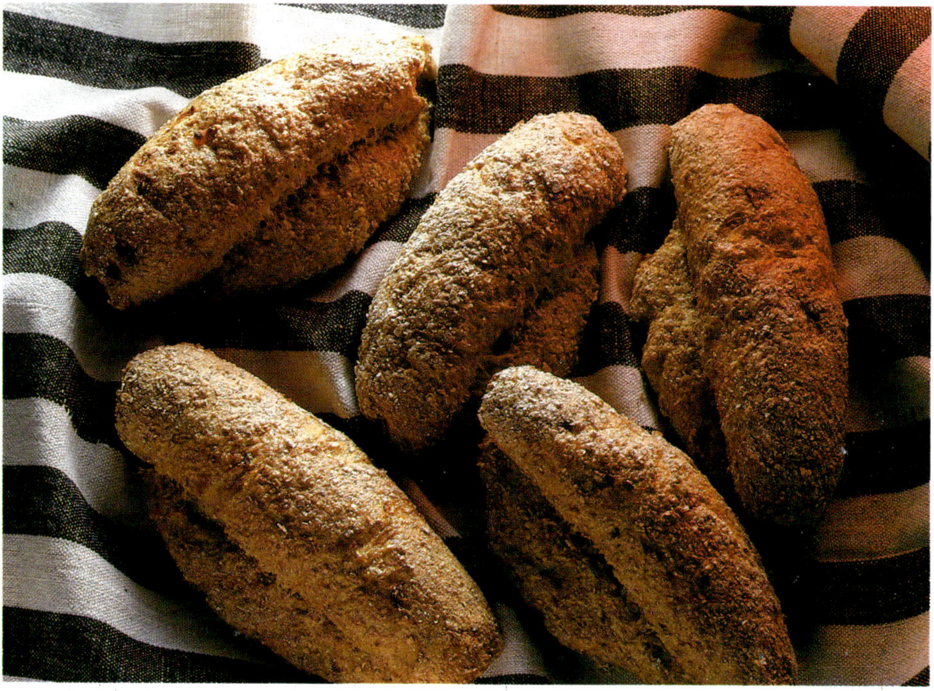

VOLLKORN-CROISSANTS

Für ca. 20 Stück
Zubereitungszeit: 70–75 Min.
(ohne Gehzeit)
ca. 160 kcal/670 kJ

---

500 g Weizenvollkornmehl
175 g kalte Butter
25 g Hefe
50 g flüssiger Honig
1 TL Vollmeersalz
etwa 325 ml kalte Milch

zum Bestreichen:
2 Eigelb

1. 100 g von dem Weizen-vollkornmehl abnehmen und mit der Butter gut verkneten. Dann zu einem Ziegel formen, abdecken und für eine Stunde in den Kühlschrank stellen.
2. Die Hefe mit dem Honig, dem Salz und der Milch ver-rühren, zum restlichen Mehl geben und alles gut mitein-ander verkneten. Danach den Grundteig eine Stunde kalt stellen.
3. Den Grundteig etwa 1,5 cm dick zum Rechteck auf einer leicht bemehlten Arbeitsfläche ausrollen. In die Mitte den Butterziegel le-gen, die kurzen Seiten dar-überklappen und wieder zum Rechteck ausrollen.

4. Dann den Teig zu drei gleichen Teilen übereinan-derschlagen und ein weite-res Mal zum Rechteck aus-rollen. Diesen letzten Arbeits-gang dreimal wiederholen. Das zusammengeklappte Teigstück mit einem feuchten Tuch abdecken und für eine Stunde in den Kühlschrank stellen.
5. Den Teig etwa 2,5 mm dick ausrollen. Mit einem scharfen Messer aus dem Teig 20 gleich große Drei-ecke ausschneiden. Jedes Dreieck von der längsten Seite her aufrollen, zu Hörn-chen formen und auf ein mit Wasser bestrichenes Blech setzen. 30 Minuten an einem warmen Ort gehen lassen.
6. Die Eigelbe mit etwas Wasser verquirlen und die Croissants damit bestrei-chen. Im vorgeheizten Ofen bei 200°C etwa 25 Minuten backen.

FEINSCHMECKER-TIP

Aus dem Blätterteig können Sie auch süßes oder pikantes Klein-gebäck und Pasteten backen.

SPANISCHE BRÖTCHEN-STANGEN

DUNKLE PFLAUMEN-BRÖTCHEN

Für 4 Stangen à 5 Brötchen
Zubereitungszeit: 60–65 Min.
(ohne Gehzeit)
ca. 140 kcal/580 kJ

300 g Weizenvollkornmehl
100 g Gerstenvollkornmehl
100 g Hirse, fein gemahlen
40 g Hefe
etwa 340 ml lauwarmes Wasser
1 TL Vollmeersalz
1 TL gemahlener Kümmel
2 TL gemahlener Koriander
3 TL Rosmarinnadeln
3 Knoblauchzehen
20 mit Paprika gefüllte grüne Oliven

außerdem:
1 Eigelb
4 EL lauwarme Milch
80 g Hirseflocken

1. Weizen- und Gerstenvollkornmehl und Hirse gut mischen. Die Hefe in dem Wasser auflösen und in die Mehlmischung rühren. Salz, Kümmel und Koriander zufügen und alles kräftig durchkneten. 20 Minuten an einem warmen Ort gehen lassen.
2. Die Rosmarinnadeln mit einem Messer grob hacken. Die Knoblauchzehen schälen und durch eine Presse drücken. Die Oliven mit Küchenpapier gut abtupfen. Die vorbereiteten Gewürze zum Teig geben und gleichmäßig unterarbeiten.

3. Den Teig in 20 gleich große Stücke teilen und auf einer bemehlten Arbeitsfläche rund formen.
4. Je fünf Teigkugeln hintereinander zu einer Stange zusammensetzen und auf ein gefettetes Blech legen.
5. Das Eigelb mit der Milch verrühren und die Brötchenstangen damit bestreichen. Anschließend die Hirseflocken darüberstreuen.
6. Die Brötchenstangen an einem warmen Ort 40 Minuten gehen lassen. Im vorgeheizten Ofen bei 225° C etwa 30 Minuten backen.
(auf dem Foto: links)

Variation
Backen Sie aus dem gleichen Teig spanische Minibrötchen. Dafür den Teig in kleine Teigkugeln von je 20 Gramm teilen. Die Backzeit verringert sich dann um etwa 10 bis 15 Minuten. Diese Spanischen Minibrötchen können zur Suppe oder aber auch als pikante Knabberei zu Wein gereicht werden.

Für ca. 12 Brötchen
Zubereitungszeit: 50–55 Min.
(ohne Gehzeit)
ca. 130 kcal/540 kJ

½ Grundrezept Sauerteigbrot
(siehe Seite 9)
12 ungeschwefelte,
getrocknete Backpflaumen
(ohne Stein)
60 g Roggenvollkornschrot

1. Nach Anleitung des Grundrezepts einen Sauerteig herstellen.
2. Nach der zweiten Ruhezeit den Teig durchkneten und in 12 gleich große Stücke teilen. Jedes Teigstück mit einer Pflaume füllen und zu runden Bällchen formen.
3. Die Teigkugeln mit der Oberseite in Roggenvollkornschrot wälzen und auf ein gefettetes Blech setzen. 30 Minuten an einem warmen Ort gehen lassen. Im vorgeheizten Ofen bei 220° C etwa 10 Minuten, dann bei 200° C etwa 30 Minuten backen.
(auf dem Foto: rechts)

Variation
Statt der Backpflaumen können Sie auch kleingeschnittene, getrocknete Aprikosen unter den Teig kneten und daraus Brötchen formen.

FRÜHSTÜCKS-SCHNECKEN

BRIOCHES MIT HASELNÜSSEN

Für ca. 10 Stück
Zubereitungszeit: 60–65 Min.
(ohne Gehzeit)
ca. 225 kcal/940 kJ

30 g Hefe
2 TL Vollmeersalz
etwa 350 ml lauwarmes Wasser
400 g Weizenvollkornmehl
200 g Roggenvollkornmehl
1 TL gemahlener Kümmel
1 TL gemahlener Koriander

außerdem:

1 Eigelb
je 50 g Mohn und Sesam

1. Die Hefe und das Salz zum Wasser geben und verrühren. Die Mehle und Gewürze mischen und mit dem Hefewasser verrühren. Etwa 10 Minuten kneten. 20 Minuten gehen lassen.
2. Den Teigkloß durcharbeiten und in 20 gleich große Stücke teilen. Jedes Stück zu einem Strang von etwa 20 cm Länge formen. Je zwei Teigstränge zu einer Kordel verschlingen und zu einer Schnecke aufrollen.
3. Die Schnecken auf ein gefettetes Blech setzen und 20 Minuten gehen lassen.
4. Das Eigelb mit etwas Wasser verquirlen und die Schnecken damit bestreichen, eine Hälfte mit Mohn, die andere mit Sesam bestreuen. In den kalten Ofen schieben und 35 bis 40 Minuten bei 200° C backen.
(auf dem Foto oben)

Für ca. 6 Stück
Zubereitungszeit: 55–65 Min.
(ohne Gehzeit)
ca. 290 kcal/1210 kJ

35 g Hefe
100 g Honig
etwa 250 ml lauwarme Milch
500 g Weizenvollkornmehl
abgeriebene Schale einer unbehandelten Zitrone
1 EL Rum
1 TL Vollmeersalz
3 Eigelb
75 g Butter

außerdem:

2 Eigelb
18 ganze Haselnüsse

1. Die Hefe und den Honig in der Milch auflösen. Mit dem Weizenvollkornmehl, der Zitronenschale und dem Rum vermischen.
2. Das Salz mit den Eigelben verrühren und unter den Teig arbeiten. Zuletzt die Butter zugeben und alles sehr gründlich durchkneten. 40 Minuten an einem warmen Ort gehen lassen.
3. Den Teig kurz durchkneten und 30 Minuten gehen lassen.
4. Den Teig auf einer bemehlten Arbeitsfläche zu einer Wurst rollen und 18 gleich große Stücke abschneiden. Von jedem Teil wiederum ein Viertel abnehmen.

5. Alle Teigstücke zu glatten Kugeln formen. Die großen Kugeln auf ein gefettetes Blech setzen, mit den verquirlten Eigelben bestreichen und jeweils drei Stück zu einem Dreieck oder einer Kette zusammenschieben, so daß sie alle aneinanderkleben.
6. Die kleineren Kugeln obendrauf setzen, mit Eigelb bestreichen und mit einer ganzen Haselnuß garnieren. 20 Minuten an einem warmen Ort gehen lassen. Im vorgeheizten Ofen bei 200° C etwa 20 Minuten backen.
(auf dem Foto unten)

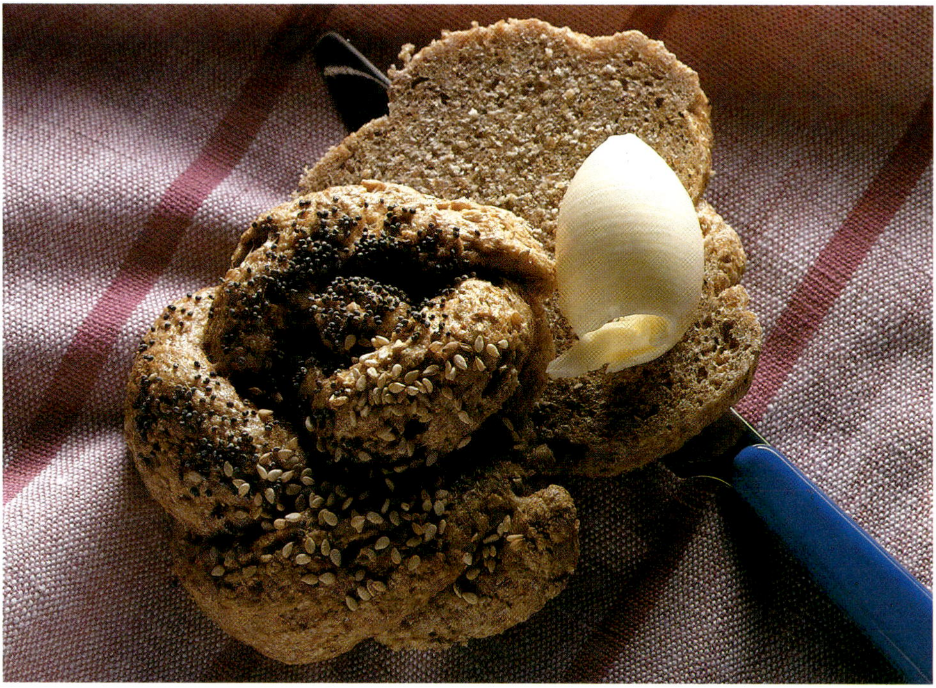

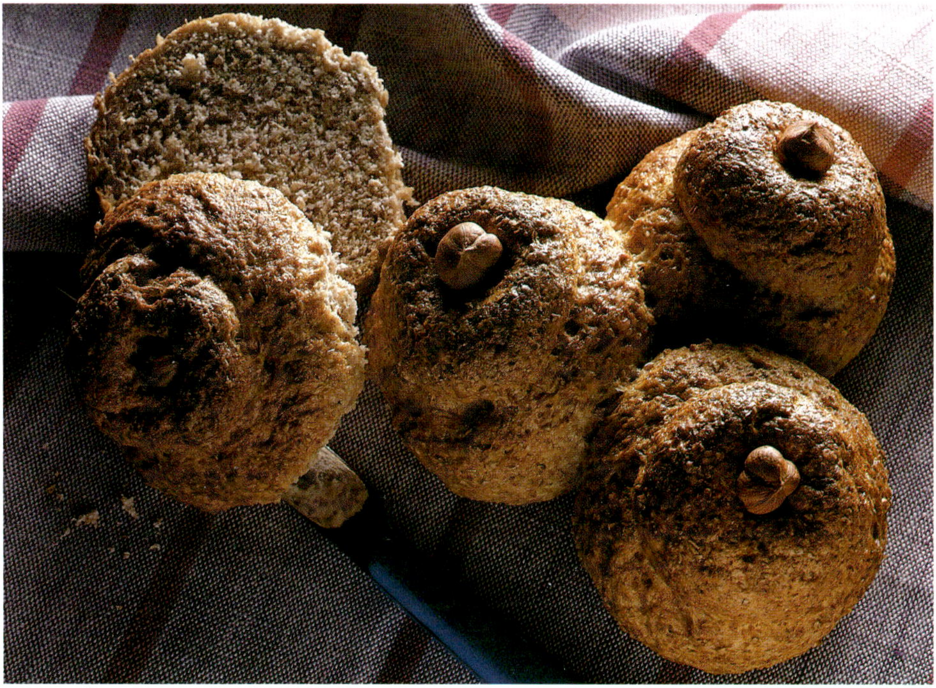

Sojabrötchen mit Sesam und Leinsamen

Für 12 Stück
Zubereitungszeit: 40–45 Min.
(ohne Gehzeit)
ca. 240 kcal/1000 kJ

300 g Sojaschrot
etwa 750 ml lauwarmes Wasser
30 g Hefe
400 g Weizenvollkornmehl
100 g Vollsojamehl
2 TL Vollmeersalz
50 g Butter

zum Bestreuen:

100 g Sesam
100 g Leinsamen

1. Sojaschrot in 400 ml Wasser zwei Stunden einweichen.

2. Die Hefe in dem restlichen Wasser auflösen und mit dem Weizenvollkornmehl, dem Vollsojamehl, dem gequollenen Sojaschrot und dem Salz zu einem Teig verarbeiten. Zum Schluß die Butter unterarbeiten. 20 Minuten gehen lassen.

3. Den Teig nochmals kurz durchkneten, in zwölf gleich große Stücke teilen und zu flachen Brötchen formen. Auf ein gefettetes Blech legen und 20 Minuten gehen lassen.

4. Die Oberflächen mit Wasser bestreichen und je zur Hälfte mit Sesam und Leinsamen bestreuen. Im vorgeheizten Ofen bei 190° C 30 bis 35 Minuten backen.
(auf dem Foto: links)

HAFERFLOCKEN-BRÖTCHEN MIT THYMIAN

Für 12 Stück
Zubereitungszeit: 40–45 Min.
(ohne Gehzeit)
ca. 230 kcal/960 kJ

---
25 g Hefe
---
etwa 500 ml lauwarmes Wasser
---
1 TL Vollmeersalz
---
50 ml Biomalz
---
2 TL getrockneter Thymian
---
660 g Weizenvollkornmehl
---
120 g kernige Haferflocken
---
60 g Vollsojamehl
---

zum Bestreuen:
---
60 g Weizenvollkornschrot
---

1. Die Hefe in etwas Wasser
auflösen. Den Rest der Flüssigkeit, Salz, Biomalz, Thymian, Weizenvollkornmehl,
Haferflocken und Vollsojamehl zufügen. Den Teig so
lange durcharbeiten, bis er
sich vom Schüsselrand löst.
60 Minuten an einem war-
men Ort gehen lassen.
2. Nun den Teig nochmals
durchkneten, in zwölf gleich
große Stücke teilen und jeden Kloß auf einer bemehlten Arbeitsfläche etwas flach
drücken.
3. Auf ein gefettetes Blech
legen, mit Wasser bestreichen, mit Weizenvollkorn-
schrot bestreuen und mit
einer Gabel mehrmals ein-
stechen. Bei 250°C etwa
15 Minuten backen.
(auf dem Foto: rechts)

Rezeptverzeichnis

Bananenbrot mit Pinien-
kernen 40
Brioches mit Haselnüssen 60
Brötchenstangen, spanische 58
Brot mit Kräutern, würziges 29
Buchweizenbrötchen 50
Buchweizenzopf, bunter 22
Bunter Buchweizenzopf 22
Bunter Gemüsezopf 16
Buttermilch-Nuß-Brot 20
Dörrobstbrot, saftiges 46
Dunkle Pflaumenbrötchen 58
Früchtebrot, gefülltes 45
Frühstücksschnecken 60
Ganzkornbrot 34
Gefülltes Früchtebrot 45
Gemüsezopf, bunter 16
Gewürzbrot 14
Gewürzbrot, kerniges 33
Haferflockenbrötchen mit
Thymian 63

Haselnußbrot 42
Hefeteigbrot 9
Joghurtbrot 20
Käsebrötchen 52
Kefir-Curry-Brot 20
Kerniges Gewürzbrot 33
Körnerbrot mit Kürbis-
kernen 30
Kräuter-Knoblauch-Kranz 14
Kümmelrundstück 14
Kürbiskernbrot 42
Mischbrot mit Käsewürfeln 34
Pflaumenbrötchen, dunkle 58
Riesenschnecke, süße 38
Roggenstange mit Kapern und
Kernen 28
Saftiges Dörrobstbrot 46
Sauerteigansatz 9
Sauerteigbrot 9
Scharfes Tomatenbrot 16
Sechskornbrot 26

Sesambrot mit Hirse 22
Sesamstangen mit Rosinen 54
Sojabrezeln 50
Sojabrötchen mit Sesam und
Leinsamen 62
Sonnenblumenbrot 19
Spanische Brötchenstangen 58
Süße Riesenschnecke 38
Tomatenbrot, scharfes 16
Tontopfbrot 38
Vollkorncroissants 57
Vollkornrolle mit Rosinen-
füllung 46
Vollkornzopf mit Backpflaumen 41
Walnußbrötchen 53
Walnußfladen 26
Würziges Brot mit Kräutern 29
Zwiebelschnecke mit Soja 30
Zwiebelwickel 54

Abkürzungen:

EL = Eßlöffel
Msp. = Messerspitze
TL = Teelöffel

Kalorien-/Jouleangaben

Die Angaben zum Energiegehalt in diesem Buch beziehen sich bei Broten auf 100 g, bei Brötchen auf jeweils ein Stück.

Temperaturstufen:

Die Angaben in diesem Buch beziehen sich auf Elektroback-öfen.
Bei einem Heißluftherd sind niedrigere Wärmegrade als beim Elektrobackofen ausreichend; es sei dazu auf die Bedienungsanleitung des Gerätes verwiesen.

Elektrobacköfen	Gasherd
150°C/160°C	Stufe 1
175°C/180°C	Stufe 2
200°C	Stufe 3
220°C/225°C	Stufe 4
240°C	Stufe 5
250°C	Stufe 6

„Falken-Feinschmecker" ist eine exquisite Koch-buchreihe, deren Bände immer einem besonderen Thema gewidmet sind. So kommt jeder Genießer auf seine Kosten. Fragen Sie Ihren Buchhändler!

CIP-Titelaufnahme der Deutschen Bibliothek

Reiter, Susanne:
Vollkornbrot: knusprig, kernig, urgesund/
Susanne Reiter. [Fotos: Michael Wissing]. –
Niedernhausen/Ts.: Falken-Verl., 1988
(Falken-Bücherei) (Falken-Feinschmecker)
ISBN 3-8068-0938-0

ISBN 3 8068 0938 0

© 1988 by Falken-Verlag GmbH,
6272 Niedernhausen/Ts.
Titelbild und Fotos: Michael Wissing BFF, Elzach
Die Ratschläge in diesem Buch sind von Autor und Verlag sorgfältig erwogen und geprüft, dennoch kann eine Garantie nicht übernommen werden. Eine Haftung des Autors bzw. des Verlages und seiner Beauftragten für Personen-, Sach- und Vermögensschäden ist ausgeschlossen.
Gesamtproduktion: Falken-Verlag GmbH,
D-6272 Niedernhausen/Ts.

817 2635 4453 6271